心清らかに、
真実を見極める

# 心眼を開く

Ryuho Okawa
大川隆法

# まえがき

『心眼を開く』という題からすると、読者諸氏は、霊的な眼を持つ、霊道《れいどう》を開く、といった内容を期待するかもしれない。

私もそのつもりで話し始めたのだが、実際には少し違ったものが出来上がった。

第1章では、政治、経済、経営、哲学的な眼で自分の内面の軌跡《きせき》を描いた。普通の僧侶《そうりょ》や教祖と、私自身の違いを知って頂きたかったからである。通常の宗教学科や、仏教学科を卒業した僧侶とは、私の観ている世界が違うので、その理由を開示した。

第2章では、やや宗教的な面を強く出し、天狗《てんぐ》、仙人、妖怪《ようかい》、妖魔の世界にも言及し、日本で「宗教」と思われているもののなかに、世界宗教としての仏教やキリスト教の奥にある考えとの相違があることを示した。

いずれにしても、心の清らかさから、物事の真実を見極《みきわ》める、幸福の科学の立場を説明していると思う。

二〇二〇年　十月十三日

幸福《こうふく》の科学《かがく》グループ創始者兼総裁《そうししゃけんそうさい》　大川隆法《おおかわりゅうほう》

# 心眼を開く　目次

# 第1章　心《しん》眼《がん》を開く①

二〇二〇年七月七日　説法《せっぽう》
幸福の科学　特別説法堂にて

## 5　経済的格差の問題について正しく見る　61

# 第2章　心眼を開く②

二〇二〇年七月八日　説法
幸福の科学 特別説法堂にて

## 1　人物の外側と内側の両方を見る　102

# 第1章

# 心《しん》眼《がん》を開く①

二〇二〇年七月七日　説法《せっぽう》
幸福の科学 特別説法堂にて

## 1　二千七百書発刊を通して感じてきた手応《てごた》え

### 三十歳《さい》の誕生日に会社に辞表を出し、出家《しゅっけ》する

本章のもとになった法話《ほうわ》は、二〇二〇年の七月七日に説いたものですが、この日は、実は私の誕生日でした。その数日後には「御生誕祭《ごせいたんさい》」を行いました（二〇二〇年七月十二日説法《せっぽう》「信仰《しんこう》からの創造」）。ちょうど三十四年前のこの日、勤めていた会社に辞表を出したと記憶《きおく》しています。

自分でも、「よりによって、自分の三十歳《さい》の誕生日に辞表を出さなくてはいけなくなるとは」という、何とも皮肉な感じを覚えています。ですから、七月七日は、「誕生日に辞表を出し、三十歳にして無職になる」という日だったので、喜

んでいいのかどうか分からないところがあります。

その当時のことをテーマにした映画「夜明けを信じて。」が十月に公開されるので、観《み》てくださるとよいかと思います。

いわゆる出家《しゅっけ》をして、三十四年がたちました。出家してからあとの三十四年間については、思い出すことは少なく、夢に見ることもほとんどありません。

夢に見るのは、いつも若いころのことばかりです。学生時代ぐらいのことを夢に見ることがよくあって、会社時代のこともたまにありますけれども、ほとんど学生時代のことが出てくるのです。私の気持ちが若いのか、精神がそこで止まっているのか、ちょっと分からないのですけれども（笑）、そんな感じです。

一九八一年の「大悟《たいご》」からは、もう三十九年になっています。二〇二〇年は

映画「夜明けを信じて。」（製作総指揮・原作 大川隆法、2020年10月公開）

「大悟三十九年」「出家三十四年」であり、幸福の科学の立宗《りっしゅう》からは三十四年になります。

## 教えの内容がよければ、人は感動してくれる

仕事はけっこうそれなりにしてきたつもりではあるのですが、説法当日の読売新聞には、『真説《しんせつ》・八正道《はっしょうどう》』と『大川隆法 思想の源流――ハンナ・アレントと「自由の創設」――』の広告が出ていました。『大川隆法 思想の源流』が私の著作の二千七百書目に当たるそうです。

「二千七百書もいろいろな種類の本を出した」ということで、これ自体がギネス記録を二・五倍以上超《こ》えてはいるのですけれども、自分としては、まとめて書いたつ

『真説・八正道』(幸福の科学出版刊)

『大川隆法 思想の源流』(幸福の科学出版刊)

もりはそれほどなく、一個一個のことなので、特にそんな考えはないのです。

とりあえず、目標の三千書にはあと三百書ぐらいなので、いずれ到達《とうたつ》するだろうとは思いますが、けっこうな数の本なので、信者のみなさまも置き場に苦労なさっているのかもしれません。

以前、四国の徳島で講演会（二〇一九年十一月二十三日説法「永遠の法灯《ほうとう》をともして」）をしたとき、家内の紫央《しお》総裁補佐《ほさ》の実家に行ってきたのですけれども、義父の書斎《しょさい》には両側の本棚《ほんだな》に私の本がズラッと並べてあり、さらに平積みにもしてあって、部屋中が本だらけになっていました。

「これが全部私の本か」と思うと、何だか申し訳ないぐらいで、部屋一つを本で潰《つぶ》してしまったような感じだったのです。

ただ、近所の人が訪ねてきたときに部屋を覗《のぞ》いたら、「わあ、すごい勉強家なんだなあ」と思うような感じの書名が並んでいたので、そこはよかったのかなとは思っているのですが、「ずいぶん場所を取らせて、申し訳ないな」と思いました。

「一冊ぐらいで、言いたいことを全部言い切れないのか」という気持ちも、ないことはないのですけれども、次々といろいろなことを言いたくなるので、そのようになってきました。

そのときに聞いたのですが、義父は、昔、幸福の科学で徳島の支部長をしていたところ、私の本が出ると、必ず三冊買ってくださっていたそうです。一冊は自分用ですが、あとの二冊は子供二人のためのもので、三冊買っていたらしいのです。

家内の兄は、今、四国の「聖地エル・カンターレ生誕館」の館長をしていますけれども、一冊をもらい、それから、妹の紫央総裁補佐も一冊をもらっていました。小学校時代から本をもらい、自分の本を持って読んでいたのです。

それをずっと勉強した人が、今、総裁補佐であり、家内もやってくれているので、自分でも何となくむず痒《がゆ》い感じはします。私の教えを勉強して大人になった人が、私の仕事を手伝ってくれているという感じは、とても不思議ですけれども、うれしくもあります。

総裁補佐には、次のようなエピソードもあります。

小学校のときに、「差別を撤廃《てっぱい》する」というキャンペーンの作文コンクールのようなものがあったそうです。それに、私の本で読んだお釈迦《しゃか》様の言葉として、「その人がどういう人であるかは、生まれによってではなく、行いによって決まる」ということを書いたところ、いちばんよかったので、みんなの前で朗読したとのことでした。ずいぶん感心され、「大人たちにも感心された」という話を聞いて、密《ひそ》かに何となくうれしくなった覚えがあります。

それは、私の言葉というより「二千六百年前の釈尊《しゃくそん》の言葉」ではあるのですけれども、「その言葉がどこから出ているかはよく知らなくても、内容的にいいと思うと感動してくれるものだ」ということが、それで分かります。地元の人たちが、幸福の科学の本も釈尊の本も、それほど読んでいることもないでしょうから、やはり内容で感動してくれたということだと思います。

もう一つ聞いたのは、大学卒業のころの就職試験で、いろいろな会社を受けたときのことです。日本銀行では小論文を書く機会があったため、当時の「ザ・リバティ」でも特集していた「いじめ問題」や「教育改革の問題」を核《かく》にしたものを書いて提出したのだそうです。

たぶん、日銀の担当者は、当会の信者でもなければ、「ザ・リバティ」を読んでもいないだろうと思うのですが、非常に共鳴《きょうめい》し、「これは、実にいい内容だ」と感動してくれたらしく、面接を受けたら通ってしまったそうです。「ああ、『ザ・リバティ』も力になるんだなあ」と思いました。

それは、教育改革をやろうとしていたころの話です。そうした教育改革のなかで出した『教育の法』（幸福の科学出版刊）などは、全国の学校の校長室にもよく置いてあるとのことなので、学校の先生がたも読んでくださっていると思います。

そのように、「幸福の科学や大川隆法の考えを知らなくても、一般《いっぱん》の人たちが感動してくれるような内容が、いろいろな書籍《しょせき》のなかにちりばめられている」というのは、こちらとしてはうれしいことです。

直接に私の本を読んだ人だけではなく、その本の内容を使って、いろいろな情報を発信したり仕事をしたりしている人たちにも、何らかのかたちで人生の好転が起きるようなことが舞《ま》い込《こ》んできていたら、実にありがたいことであると思っています。

## 2　将来の自分を模索《もさく》し、努力を続けた大学時代

東大二年のとき、二週間で書いた「H・アレントの『価値世界』について」二千七百書目になる『大川隆法　思想の源流』（前掲《ぜんけい》）は、政治哲学《てつがく》的な思想の源流です。

ハンナ・アレントについて東京大学二年生のときに書いた、「H・アレントの『価値世界』について」という論文のことについては、映画その他に出てくることはよくあるのですが、内容を読んだことのある人はほとんどいないと思います。当時の教授と友達ぐらいしか読んでいないと思うので、今回、公開することにしました。

いつもは、一ページも読むと恥《は》ずかしくなって、もう読めなくなるので、「嫌《いや》だ」と言っていたのです。これは、数年前に宗務《しゅうむ》本部の金庫から出てきたものなのですが、読むと恥ずかしくなって、「もう読めない」と言ったのです。

ただ、私の若いころをもとにした映画を幾《いく》つかつくっている関係もあって、今回、「資料としては一回出しておいたほうがいいのではないか」という気になったので、出すことにしました。それについて去年あたりに解説したもの（『青春の日のハンナ・アレント』（『大川隆法　思想の源流』所収））も併《あわ》せて読めば、だいたい全体像が分かるようにはなっているのです。

原稿《げんこう》用紙五十枚ぐらいで書いた、若いころの小論文ですけれども、「初々《ういうい》しさ」と「気負い」と「ある程度の鋭《するど》さ」と、いろいろなものを感じさせるものが入っていたと思います。

友達に読ませた感じでは、みなチンプンカンプンで、「理解を拒絶《きょぜつ》している」

と評した人などは、今、東大教授をしています。また、教授のほうも、実はよく分からなかったようで、しどろもどろで質問をいろいろとしたりしてはいたのです。

当時、ハンナ・アレントの著作は、全部はまだ訳されていませんでした。一部は訳されていましたが、彼女の書く英語はとても難しいのです。ドイツで哲学を勉強した方なので、ドイツ語訛《なま》りの英語で書いているのですが、私たちはドイツ語クラスでもあったので、「ドイツ語で読んだほうが分かるかもしれない」というぐらい難しい英語なのです。

私は助教授のほうとも面談を一回しているのですが、「ハンナ・アレントを読んでいます」と言ったら、「やめたほうがいいよ。難しすぎる。あれを読んでいたら人生が終わってしまうから、やめたほうがいい」というようなことを言われたのを覚えています。おそらく、その先生には難しくて読めなかったということでしょう。

とりあえず手に入るかぎりのものは一通り読んで、二週間ぐらいで論文を書きました。普段《ふだん》、私は朝型・昼型なのですけれども、そのときは夜型に変え、明け方の六時まで作業をし、六時になったら書き終えて、雨戸を立て、ドラキュラのように昼間寝《ね》るという生活を二週間だけやりました。それを元に戻《もど》すのが大変でしたけれども、そういう生活をしたことを覚えています。そのようなことは一回しかしたことがないので、懐《なつ》かしくも珍《めずら》しい感じです。

## 自分がやりたい研究テーマを指導する教官が見つからなかった

それから、篠原一《しのはらはじめ》という先生の面談を受けて話をしたときに、「二週間ぐらいかけて夜中に書いたのですが、こんな生活をしていたら体がもつのだろうかと思いました」と言ったら、先生は、「君、分かったか。そういうものなんだよ。学者の生活はそんなもので、本を書くのはけっこう大変なんだよ」というようなことを言っていました。

このときは原稿用紙五十枚で出したのですが、ゼミへの参加が「三十枚以上」という条件で、「何でもいいから、政治学関連のものについての論文を書け」ということだったので、これはゼミに参加するためだけに書いた、参加のための資格論文なのです。

「君、これに序文か何かを付けたほうがいいんじゃないか」と言われたのですが、「いやあ、付けていたんです。序文と結論を書いてあったのですが、先生はきっとそこだけを読んでコメントをなさると思ったから、外《はず》して出しました。本《ほん》文《ぶん》をどうしてもお読みいただきたくて外しました」と言ったら、「うーん」となりました。

「この本文は難しいよなあ。特に図表が難しい。これは難解だ。君、これを言葉で書き換《か》えられないのか。序文を書き、図表を言葉で説明して、あと、参考文《ぶん》献《けん》などを紹介《しょうかい》して書けば、倍ぐらいの長さになるだろう。倍ぐらいにすれば、助手論文になる」と言われました。

当時、学部卒で優秀《ゆうしゅう》な人が就職してしまうので、そちらへ行かせないようにするために助手制度というものがあり、卒業したら助手になって、給料をもらいながら三年ぐらい勉強するのです。そこではやや大学院的な勉強もあるのですが、助手論文というものを三年後ぐらいに書いて出し、そのレベルが大学院に行く五年間分の博士論文を超《こ》えていれば、助手論文として合格となります。ですから、早ければ学部卒三年で助教授（現在の准《じゅん》教授）になれるのです。

その際、優秀であれば東大の助教授になるのですが、そこまで行っていないか、ポストが埋《う》まっていた場合には、東大以外の大学の助教授等になります。

このように、「二十代の半《なか》ばぐらいで助教授になる」という〝超《ちょう》特別コース〟

があったのです。

ただ、一般《いっぱん》社会との差があまりにありすぎるので、今は基本的に大学院を出てからでないとなれないようになっていると思います。

助手になるには、一定の成績が要《い》りました。法学部の第1類は私法《しほう》、私《わたくし》の法のコース、第2類は公法《こうほう》、公《おおやけ》の法のコース、公務員等になるコース、第3類が政治コースでしたが、1類、2類の法律コースの場合、一定の成績さえあれば助手になれたのです。しかし、3類の政治コースの場合、成績だけでは駄目《だめ》で、さらに論文を書いて出さなくてはいけませんでした。そのため、だいたい成績を揃《そろ》えた上で論文を書くのです。

国際政治の助教授をしていた高橋進《たかはしすすむ》さんともあとで面談したのですが、その人も、要するに、「いちおう学校の成績は取った上で、一年ぐらいは余分に在籍《ざいせき》し、論文を書いて提出するのが普通だ」というようなことを言われていたと思います。

その助手論文の場合、本一冊分までは要らないのですけれども、何年かかけて付け足して増やし、本一冊分ぐらいまでに伸《の》ばしたものを、最初の著書として発刊するかたちになっていました。

「教授になるまでの本は、それ一冊しかない」という人がけっこう多く、最後までそのまま終わったという人もいるぐらいです。退官のときに、もう一冊出したという人もいます。若いころに全力でやって、だいたい燃焼《ねんしょう》し尽《つ》くし、あとは〝ほっこり〟という感じの人は多かったと思います。

そのようなわけで、給料ももらえるし、いちおう仕事ももらえるので、このコースも考えてはいたのです。ただ、ハンナ・アレントについての論文を出したものの、当時、ハンナ・アレントのことを教えられる人は、東大に誰《だれ》もいませんでした。政治史や政治思想のほうにも人がいたことはいたのですが、ハンナ・アレントに関してはまだ無理で、「昔の人についてなら、できる」というぐらいだったのです。

篠原先生はヨーロッパ政治史が専門で、ヨーロッパの政治、あるいは国際政治系だったらいけるのですが、アレントは、ずばりそれではなく、思想であり哲学の領域に入っているので指導できる人がいませんでした。文学部のほうへ行けば哲学はあるのですが、文学部の哲学の人は政治のほうが分からないわけです。

篠原先生とも話をし、「文学部の哲学系統のほうがいいんでしょうか」と言ったら、先生は、「いやあ、あちらの人では法律と政治は分からないから、あちらに行っても書ける人はいない。だから、やっぱり、法学部のほうに政治学科などはあったほうがいいと、私は思うよ。法律も分からなければいけないしね」というようなことを言われていました。

そんなことがあったのですが、自分のやりたいものに合う指導教官が見つからなかったので、大学に残ることは友達のほうに譲《ゆず》ることにしました。

彼は、今、東大で教授をしています。篠原先生はヨーロッパ政治史が専門でしたが、彼はヨーロッパ政治史の全部はカバーできなくて、今、ドイツ政治史だけを専門にしています。その人が「理解を拒絶している」と言った人ですが、今読んでも、確かに、ある程度、難しいことは難しいのです。

当時、ハンナ・アレントについて、きちんとした論文を書いた人はいなくて、研究書も一冊もなく、翻訳書《ほんやくしょ》が出てきていた段階でした。

ただ、数年前（二〇一三年）に岩波ホールで映画「ハンナ・アーレント」がかかったこともあって、今は、インテリの方などのなかに読む人が増えてきてはいますけれども、意外に、私の本を読んだほうが全体像が分かりやすいのではないかと思います。

## 「存在」や「時間」等について考える「思想的な世界」への憧《あこが》れ

若き日のハンナ・アレントが十八歳《さい》で大学に入ったとき、フッサールの助手だったマルチン・ハイデガーが助教授として教壇《きょうだん》に立っていましたが、やがて彼は『存在と時間』という本を出して世界的に有名になり、世界最高の知性といわれるようになります。

当時、ハイデガーは三十五歳ぐらいで、妻子《さいし》持ちだったのですけれども、授業中、教室のなかのハンナ・アレントがクリクリッとした大きな目で彼をじっと見つめていると、初めて目が合った瞬間《しゅんかん》に二人とも恋《こい》に落ちたような感じでした。

このあたりはロマンチックで、私も好きなところです。

ただ、指導教官として教えているうちに恋に落ちてしまったので、「私は、これではクビになってしまうぞ。家族を失い、たぶん職も失う。つらいけれども、自分には彼女の学位論文の指導と審査《しんさ》はできない」ということで、友人で有名な哲学者であるカール・ヤスパースに、「ハンナ・アレントを引き取ってくれ」とお願いしました。

それからアレントは大学を替《か》え、ヤスパースのところで「アウグスチヌスにおける愛の概念《がいねん》」という処女論文を書き、二十二歳で博士号を取りました。非常に天才的な女性ではあるので、「天才は天才を知る」ということで、ビビッとくるものはたぶんあったのだろうと思います。

ハイデガーとは、交際と言うべきかどうか知りませんが、その後も実はアレントは文通をしており、それは彼女がアメリカに行ってからも続いてはいて、書簡集も出ています。

恩師であり恋人でもあったハイデガーは、一年間だけ、ヒットラーのナチスを支持する体制側の御用学者《ごようがくしゃ》的なかたちで大学の総長になりましたが、「やはり、ナチズムにはついていけない」ということで総長を辞《や》めています。

ただ、「ナチズムにいちおう協力したことがある」ということで、二人は師弟《してい》であり恋人でもあったけれども、政治哲学上の激しい論戦が「マルチン・ハイデガーvs.ハンナ・アレント」として始まったのです。

恋の炎《ほのお》と反発とがあって、アレントのほうは、ユダヤ人を迫害《はくがい》したナチスに協力した恩師に対して〝折伏《しゃくぶく》〟を入れたいのですが、ハイデガーのほうは、あの流れのなかでユダヤ人が弾圧《だんあつ》されるのを止めることはできなくて、それについては残念だったと思いつつも、「ユダヤ人全体とハンナ・アレントは別だ」と思っていました。

裏にはこんなロマンもあったのです。

『太陽の法』（幸福の科学出版刊）にも書いていたと思いますが、私は大学在学中に、ハイデガーの『存在と時間』を読んでいました。ちなみに、この『存在と時間』を『有《う》と時《とき》』と訳してあるものもあり、京大系の人はそう訳しています。この有とは存在のことですが、「存在と時間」についての考察で、ハイデガーは浩瀚《こうかん》な本を書いていました。

それを読んでいて全部が分かったわけではないのですが、思想的には、すごく近《ちか》しい感じというか、自分も「存在」とか「時間」とかについて考えるような思考を持っていたので、そういう世界に行きたかったのです。しかし、日本にはハイデガーはいないし、そういう思考のできる方もいなかったので、「自分で道を拓《ひら》くしかない」と思いました。

「世に思想を問いたい、大勢の前で講演をしたい」という念《おも》い

私の実家のほうでは、父親に定年が来ていました。

また、兄は哲学者を目指したのですが、あまり勤勉ではなかった面もあって、

塾で講師をしながら、また学生になりました。高野山大学と同じく、空海《くうかい》の流れを汲《く》む京都の種智院《しゅちいん》大学というものがあるのですが、そこで密教《みっきょう》の勉強をしていて、収入がなかったのです。

母親も仕事をとっくにやめていたので、家族に収入がない状態でした。

私も、「このままだと収入がない。これではいけない」ということで、「就職して収入を得ながら勉強し、ある程度、基礎《きそ》のところまで勉強してから、何か思想を世に問おうかな」という気持ちを持っていました。「本を出したい」ということです。「本を出したいし、大勢の前で話をしてみたい」という気持ちがとても強く出てきたのです。

将来のことをじっと考えてみると、どうしても、「本を出していく自分」や、「大勢の人の前で講演や講義のようなものをしている自分」の姿が見えるので、「そのようになりたいのだろうなあ」と自分では思うのですが、そうなるための道がはっきりできないでいました。

ただ、「努力を続けていけば、道が開けるだろう」と思い、渡部昇一《わたなべしょういち》先生の影響《えいきょう》も受けて、まずは、「空《から》の袋《ふくろ》は立たず」ということを考えました。「空の袋は立たず」とは、中身のない人間は駄目《だめ》だということでもあるのですが、もう一つ、収入がないと、人間はまともな人生を生きられないという意味もあることはあるのです。

そこで、「まずは収入のある仕事に就《つ》き、その余暇《よか》で勉強をして、自分が通用するかどうか、その間に試《ため》してみよう」という感じでした。

目標としては、「三十歳ぐらいまでには、何とか世に立てればいいな」という気持ちでやっていたのを覚えています。

## 3 「人類普遍《ふへん》の思想」を目指して、仕事と勉強に励《はげ》む

### 人の十倍仕事をすると見られながら、志《こころざし》を持ち勉強を続けた商社時代

当時は、銀行と商社の両方で内定が出ていました。

銀行のほうには有名な銀行もあったのですが、土曜日にまだ仕事があったころで、「土曜日でも夜十一時まで仕事があるからな。君、大丈夫《だいじょうぶ》か?」と言われ、「休みは日曜日しかないのに、土曜日に夜十一時まで仕事をやったら、疲《つか》れて日曜日にあまり勉強できないかな」と思いました。

一方、商社のほうは週休二日になっていたので、あまりほめられた動機ではないのですが、「こちらのほうが、一日休みが多い」と思ったのです。

給料においては、別に遜色《そんしょく》がないというか、銀行もあとで高くなるのですが、それをよく知りませんでした。銀行は、全業種のなかでもいちばん低い初任給を設定してあったので、「商社のほうが、収入はいいのではないか」と思ったのです。

友達の一人が、私の就職した会社で、昔、役員をやったことがある親族から、「ああ、あの会社は給料がいいんだよ。どんどん上がっていくからね」という話を聞いていたので、「そうか」と思いましたし、「管理部門のほうに行けば、営業のように夜遅《よるおそ》くはならない」ということなので、収入の面と時間の面と両方を考え、「このあたりがよかろう」と思ったわけです。

それと、「もし途中《とちゅう》で〝こういう仕事〟をしていることが分かっても、大事にしてくれて、クビにならなそうなところを」ということで、「自分が入りたいところよりは、向こうが強く引くところ、『ぜひ来てくれ』と言うところに行ったたほうがいい」と思っていました。

ほかにも、人気のある会社から引きはあったのですが、そこだと〝一社員〟として入らなくてはいけないかたちになります。「ぜひとも来てくれ」と頼《たの》まれたので、ある商社に入り、仕事をしながら勉強を続けていました。そういう状況《じょうきょう》だったのです。

十月公開の映画（「夜明けを信じて。」）にも出てきますけれども、そこを辞《や》めたときに、会社の寮《りょう》の寮母をしていた人から言われたことがあります。

彼女は、私の仕事をしている姿を見たはずもなく、寮にいる間しか知らないはずなのですが、「人の十倍、仕事をして、人の十倍、利益を出して、会社に貢献《こうけん》して、まだこんな仕事までしていたとは」というようなことを言ったのです。他の人たちの意見も、だいたいそういう感じではあったようです。

私が会社を辞めてからも、知り合いのところにはいろいろと取材が入ったと思いますけれども、特に悪口は言われていないので、そのとおり、「十倍ぐらい働いて、十倍ぐらい利益を出していた」と、みな思っていたと思うのです。

もっとも、「そうして早く出世したいのだろう」と思っていた人も一部にいたので、やや牽制《けんせい》したり、競争心を持ったりした方もいたことはいました。

しかし、そのあと、私が宗教家になって活動しているのを見て、大いなる勘違《かんちが》いをしていたことを知ったということで、お詫《わ》びをされたり、お詫びのはがきや手紙が来たりということは、けっこうありました。そういった意味では、良心的ではあります。「自分は勘違いしていた。誤解していた」ということを、きちんと謝《あやま》ってくる人たちではあったのです。あとの人たちはそういうふうには見ていなかったと思いますけれども、そうした方々もいました。

ですから、会社の実務でエネルギーをすべて消費するには、やはり、知的な衝《しょう》動《どう》が強すぎたのではないかと思います。「もっと勉強したい」という気持ちが強くありました。

普通は、大学に入った段階で「もう結構」ということで、遊びに入る方もいるし、大学を卒業した段階で「もう勉強は終わった」ということで、あとは本当に、マージャンばかりしたり、ゴルフばかりしたり、あるいはお酒と女性に走ったりする人は、すごく多かったのです。

私は、いつも本をたくさん入れた厚い鞄《かばん》を持って通勤していたので、それを見た会社の先輩《せんぱい》などからは、「君は、一生勉強だな」などと言われていました。それに「はい、そうです」と答えるので、あとの言葉がつながらないようなこともありましたが、そういう気持ちは実際にありました。

ですから、大学を卒業した段階では、まだ勉強が終わっていなかったのです。ハンナ・アレントについての研究論文を書いても、自分にはまだ、〝さらに先があった〟のです。すなわち、個人の学者の研究というだけではなく、もう少し本質的な「人類普遍《ふへん》の思想」まで、何とかして到達《とうたつ》したいという気持ちがあったということです。これは、とても重かったと思います。

## 商社時代に身につけた、「即断即決《そくだんそっけつ》」と「同時多発型」の処理

ただ、そのような気持ちを持ちながらも、毎日毎日の仕事をこなし、スキルを磨《みが》いてやっていくことのほうで、あとあと悪口を言われたくはないという気持ちもありました。「給料をもらっている以上、それ以上の仕事はしなければいけない。他人《ひと》よりも悪い仕事をしてはいけない」と思っていましたし、「いつか辞めなくてはいけないから、『立つ鳥、跡《あと》を濁《にご》さず』で、ちゃんと行きたいな」と思っていたわけです。

そういう気持ちがあったため、けっこう大変ではありましたが、能力を伸《の》ばす意味ではよかったのかなと思います。仕事をしながら勉強もするということで、

いかに効率よく全部を統一するかを考えなければいけなかったのです。その意味で、仕事は非常に速くなりました。

それは、おそらく、今も続いているだろうと思います。そうした若いころ、三十歳《さい》ぐらいまでに訓練したものが今も残っているので、仕事は比較《ひかく》的速く、〝積《つ》ん読《どく》型〟というか、未解決のものをたくさんボックスに積んでいくようなことは、私はほとんどありません。

「すべて即断即決《そくだんそっけつ》で、そのときに全部やってしまう」という主義なので、ある仕事をしているときはそれをしていますが、それが終わったら、あとはいつも手すきの状態になるのです。手すきの状態をつくると、またいつでも次の仕事ができるような状態になるわけです。これも、商社時代に身につけた癖《くせ》です。

当時は外国為替《かわせ》の仕事から始まったのですが、上司からも、「外為《がいため》の仕事は、きついことはきつい。でも、ありがたいことに締《し》め切りがあるので、一日の仕事は、一日で終わることは終わる。それがありがたいことだ」と言われました。

仕事自体に時間の締め切りがあって、ある意味で「一日一生《いちにちいっしょう》」のようなところがあったのです。外為市場が午前九時ごろから午後三時ぐらいまで（当時）しか開《あ》いていなかったので、〝その間が勝負〟の仕事だったわけです。

それからあと、残務整理の仕事はありますけれども、毎日毎日の仕事なので、「明日《あした》の仕事を今日はできない。昨日《きのう》の仕事を今日するわけでもない」ということです。そのため、仕事の速度や正確さ、あるいは判断していく力といったものは、ずいぶんついた感じがしました。

あと、もう一つ身につけたのは、「同時多発型」の処理ができるようになったということです。

商社では、電話がいろいろなところからたくさんかかってきます。外からもなかからも、あちこちからバラバラに、さまざまなことでかかってきます。ですから、この処理の遅い人は、未解決のものを抱《かか》えているうちに次の仕事が二つ三つ入ってくると、パニックになり始めて、電話の答えができないうちに、今度は来客があったりします。それで、その人と会ったりしていると、また仕事がずれ込《こ》んでというような感じで、だんだん遅《おく》れていくのです。

そういう意味では、「同時多発で複数のことをこなしていく」というようなことを、仕事の訓練としてはずいぶん行《おこな》ったので、このあたりが、この世で仕事をしてもよかったことかと、私は思っています。

例えば、ニューヨークでは、仕事中に大学院で国際金融《きんゆう》の勉強をして帰ってきても、たいてい、机には“Please《プリーズ》 call《コール》 back《バック》.”（折り返しお電話ください）の付箋《ふせん》が三十枚ぐらいはありました。そのため、帰ってくると、すぐにその三十カ所に電話をかけるのですが、それぞれまったく別の用件なので、それぞれを全部片付けなければいけないような状況ではありました。

そのように、私が同時多発でいろいろなことをできることが、今、幸福の科学がいろいろな仕事を同時に並行《へいこう》して行っていることと、おそらく関係しているだろうと思っています。そうした「頭脳訓練」と「仕事の訓練」をしたわけです。

## 4 「政治的活動の自由」について考察する

### 「全体主義」と戦うだけの政治思想を持つ必要がある

私は、もともと、哲学《てつがく》的、思想的なものに惹《ひ》かれる強い傾向《けいこう》を持っていたので、やはり、人文系としては、一定の時間勉強しなければいけなかっただろうとは思います。

例えば、「青春の日のハンナ・アレント」という題で、若いころの論文について、四十数年ぶりに講義（論文・講義共に『大川隆法 思想の源流』所収）をしたときに、その内容を読んでみたら、確かに四十年分、いろいろと勉強したのだなということが分かるぐらい、いろいろなことについて言及《げんきゅう》しながら分かりやすく説明できるようになっていました。ですから、一定の時間は必要だったのではないかと思っています。

また、ハンナ・アレント亡《な》きあとの「全体主義との戦い」ということについては、自分の政治のテーマの一つとして、今も勉強しています。

アレントが、ナチズム、ヒットラーがやっていることに見たものは、今も、例えば香港《ホンコン》やウイグルでは現在進行形で起きていることです。ですから、「現在進行形で起きていることと、どう戦えるか」ということは、やはり、課題としては持っています。また、これは未来社会において、まだこれからも起きることであり、日本にも起きることです。

ちなみに、ジョージ・オーウェルに、『１９８４年』という全体主義の未来社会を書いたものがあります。彼にとっては未来ですが、一九八四年の未来社会では、その当時、「テレスクリーン」というものがあって、それで人々の生活が監《かん》視《し》されているような世界になっていました。これはまさしく、今、現実にある世界でしょう。

中国には監視カメラがたくさんあって、「もうすぐ二億台になる」と言われていますが、アメリカにもイギリスにもあります。

そのように、監視カメラで人々の動きが撮影《さつえい》されたり、今は新型コロナウィルスが流行《はや》っているということで、スマホのアプリによって、「いったい、どういう経路で一日を過ごしたか。誰《だれ》と接触《せっしょく》したか」といったことを追跡《ついせき》し、どこで感《かん》染《せん》が起きたかを突《つ》き止めたりしています。そして、突き止められた結果を、例えば、「感染者百何人中、五十人は感染経路を突き止めた」などとテレビで発表したりしていますけれども、これはある意味で怖《こわ》いことです。

「個人の行動が、すべて記録されて分かってしまう。今、渋谷《しぶや》のスクランブル交差点を歩いているのは誰であるかまでつかめる」というのは、恐《おそ》ろしい社会ではあるでしょう。

そのように、一元管理的な全体主義体制のなかで、どうやって人々が幸福に生きていくかということについては、これからますます努力して、思想と理論を練っていかなければなりません。そうしなければ、理科系の優秀《ゆうしゅう》な頭脳の方がいろいろな機械をつくってくれた〝おかげ〟で、とてもではないけれども、あっという間に、知らないうちに、人間は奴隷《どれい》になってしまう恐れがあります。

したがって、これと戦うだけの政治思想を持っていなければいけないと、今、思っています。

## アレントの言う「政治的活動の自由」が奪《うば》われている香港《ホンコン》

そういう意味もあって、ハンナ・アレントは、「人間が自由であるということは、人間の本質そのものである」と言っています。

そして、人間が自由であるとはどういうことかというと、ハンナ・アレント的には、「政治的活動ができるということ、政治的活動が自由であるということ、これが自由の成立条件なのだ」ということです。彼女の言葉で言えば「アクション（活動）」ということで、これはかなり値打ちの高いことなのです。

この上に、例えば、「コンテンプレーション（観照）」と書いてありますが、瞑《めい》想《そう》的生活があります。

これをするのは、お寺のお坊《ぼう》さんやヨガの仙人《せんにん》、それから、神道《しんとう》の人などでも禊祓《みそぎはら》いをして身を清めたりすることもあると思うのですが、そうした神と相対座《あいたいざ》するような時間、修行《しゅぎょう》期間のある生活をしている人たちです。それは、高度な精神的生活をしている人たちなので、これは別格であり、実は、私たちはそこにも所属している者ではありません。

この次に来る「人間の大事な価値」というのは、「アクション（活動）」ということであって、この活動というのは、自分たちで政治をつくっていく活動であるということです。

この自由が、今、例えば、香港《ホンコン》では奪《うば》われているわけです。北京《ペキン》から言えば「香港安全法」なのでしょうけれども、それは「北京が安全」だということであって、実際上、活動はほぼすべて禁止に近いのです。意見の発表、言論の発表、デモ云々《うんぬん》、みな捕《つか》まっているような状態です。結社等も解散しているのですが、リーダーなどは、やはり、法律が発表された（二〇二〇年）六月三十日より遡《さかのぼ》って、「警察に無届けで行《おこな》った集会」ということを理由に逮捕《たいほ》されるようなのです。

アグネス・チョウさんや黄之鋒《こうしほう》（ジョシュア・ウォン）さんなども捕まえられたりしていますが、日本であれば「刑事罰《けいじばつ》の不遡及《ふそきゅう》」であり、「その活動の時点ではなかった法律によって、人を裁くことはできない」ということがあります。

刑法には「不遡及の原則」があるのです。

つまり、刑法というのは、基本的に、「法律を示して、これを犯《おか》した場合は罪になります。ですから、気をつけなさいよ」ということなのです。例えば、「殺人を犯したら、死刑、または、無期もしくは何十年、十年以上の懲役《ちょうえき》だ」などということは決まっているわけです。そのように、あらかじめ刑罰が発表されているため、そうなりたくない人は、それを避《さ》ければよいようになっているのです。

このあたりは、ハイエク等が言っているのと同じ考え方です。

## 法律は自由のためにあり、最小限であるべき

ハイエクという経済学者は、ケインズの思想的なライバルでもあった方です。

「自由」ということについては、もちろん、無制限の自由というのはありえないことではありますけれども、彼などは、「要するに、法律というのは、人を拘《こう》

束《そく》するためにあるのではないのだ」と言っています。

法律というのは、柱のようなものです。柱が立っていないと建物が建たないように、国家という建物、あるいは東京であれば東京都という建物を建てるためには、法律が要《い》るわけです。建物には柱があるのですが、そうした法律というのは、できるだけ抑制《よくせい》的で最小限であるべきなのです。

例えば、「これに触《ふ》れたら、あなたは刑事罰になりますよ」、あるいは「金銭的に、こんな損害賠償《ばいしょう》を払《はら》わなければいけなくなりますよ」といったことは、あらかじめ決めてはいるけれども、それは人々を拘束するためではなく、人々を自由にするためなのです。この法律さえ犯さなければ、自由にいろいろな活動をしても罰されることはないという考えであるわけです。

「法律は、自由のためにあるのだ。自由の担保《たんぽ》なのだ。だから、法律さえ犯さなければ自由なのだ」ということです。

そういうところを強調して、ハイエク、あるいはミルトン・フリードマンなどは、「政治からの自由」というようなことや、「いろいろなことを選択《せんたく》する自由」の大切さを説いてはいます。

これは、重要な考え方です。

為政者《いせいしゃ》、政治を行う者、統治をする者が、もし独裁者的な人、あるいは専制主義的な人であった場合には、どうしても、法律を使って人を網《あみ》にかけるようなことをするので、気をつけないといけません。もう、魚を獲《と》るように網を打って、自分たちの敵をも捕《と》らえることができます。「法的に、自分たちの政敵に当たるような人たちを捕まえよう」と思えば、彼らが引っ掛《か》かるような法律をつくって多数で通せば、野党側の人や反対する人は全員捕らえることができるし、「言論人がうるさすぎる」と思ったら、言論人を捕らえる法律をつくればよいわけです。

例えば、香港あたり、あるいは中国国内では、「習近平《しゅうきんぺい》を批判するような本を出したら、すぐ捕まえられて刑務所行き」ということになるのであれば、そういうことは言えなくなるでしょう。香港も、香港安全法が施行《しこう》されてからあとは、もう張り紙もできなくなって、「無言の抗議《こうぎ》」として、今まで張り紙を貼《は》っていたようなところに、何も書いていない真っ白の付箋《ふせん》だけを貼って、抗議の意思を表したりしています。また、コロナウィルスの蔓延《まんえん》も逆手《ぎゃくて》に取られて、むしろ、デモや集会の禁止に使われるようになってしまっています。ただ、日本でもそういうことはできるわけなので、十分に気をつけなければいけません。

基本的に、私は、若いころにそうしたことを考えていました。

## 現実の世界において「正しさ」を認識するのは難しいこと

あるいは、仏教で言えば、「戒律《かいりつ》」というものがありますけれども、これも最初から全部あったわけではなくて、仏教教団・サンガ（僧団《そうだん》）で修行《しゅぎょう》しているうちに、いろいろなトラブルが起きたり事件が起きたりしたら、そのつど、お釈迦《しゃか》様が、「以後は、こういうことはしないようにしよう」ということで戒律を立てて、だんだんと増えていったものです。

ですから、男性には二百数十戒、女性には五百近く戒律がありますけれども、いろいろな事件があって、そのたびにつくっていったものなのです。本来、釈《しゃく》尊《そん》も、基本的には「自由」の考えを持っているのですが、事件があったあとは、「こういうことは、今後はしないように」ということで、つくっていったということです。

いちばん少ない最初のものは、「五戒《ごかい》」です。これがいちばん最初のものではあるのですけれども、ここではそちらについて深くは入りません。

私も、基本的にはそうした考えを持っています。ですから、法律はつくってもいいけれども、最少にすべきだと考えています。

例えば、「政治からの自由」と、先ほど述べました。私も公職選挙法の法令集を持っていますが、かなり厚いのです。「電話帳」とまでは言わないけれども、〝小型の電話帳〟並みなので、「これを隅《すみ》から隅まで暗記している人が、はたしているのだろうか」という気もします。

選挙管理委員会の方は読んでいらっしゃるのだろうとは思いますが、これでは弁護士でも暗記できないだろうというほど細《こま》かいところまで入っています。

そのため、「政治的意図によって、敵になる人や、あとで有害になりそうな人を狙《ねら》っていて、泳がせておいて捕まえる」という使われ方は、よくされていると思います。

以前、前法務大臣のところを買収容疑で立件していましたが、検察は事実としてはもうとっくにつかんでいたと思います。ただ、それを捕まえて、起訴《きそ》までしてよいかどうかという判断ができなかったのでしょう。それは、時の政府、政権の力が加わるからです。しかし、世論《せろん》によって、検察のほうに後押《あとお》しが入ってやっているということです。事実は知っていても、実際、法律を適用するかどうかには政治的な力が要るわけです。

そういうことも行われているので、「正しさ」といっても、現実の世界においてそれを認識することは、とても難しいことなのだと思います。

# 5　経済的格差の問題について正しく見る

## 経済的な「差」に対して「嫉妬《しっと》の原理」が働く

それから、同じく、正しく人間が生きようとする場合にも、経済的な原理のところの考え方はとても難しいものがあります。自由に放置をすると、確かに能力に差が出るので、経済的には成果がすごくあがる人もいれば、赤字になって倒産《とうさん》し、借金まみれになって逃走《とうそう》するような人、夜逃《よに》げするような人も出てきます。

こうしたお金儲《かねもう》けも一つの才能であり、貯金が少しは貯《た》まるぐらいの人はいますけれども、事業をやって成功する才能になると、かなり難しくはなってきて、それほど簡単ではありません。これも一定の才能なのです。

ピアノの才能や将棋《しょうぎ》の才能のようなものについてはみな認めており、そういう人たちが収入を高く得るとか、あるいは野球の選手が高い報酬《ほうしゅう》を得たりしても、あまり嫉妬《しっと》しないのです。それは、自分がそういう競争をする立場にないからでしょう。

例えば、ピアノで世界的なコンクールに出るところまでは、なかなか行きません。小さいころにピアノを習ったという人はたくさんいるでしょうけれども、世界のコンクールにまで出たいと思う人はそれほどいないのです。そのレベルに近いところまで行った人であれば嫉妬するかもしれませんが、大多数の人はしないでしょう。

プロ野球に行っても、年俸《ねんぽう》十億円を稼《かせ》ぐようなところまでは行きません。ほとんどは、「甲子園《こうしえん》に出られたらいいな。いつかは、きっと甲子園」というようなところで練習している段階であり、しかも、甲子園に行ったからといっても、プロになれるというわけではないのです。甲子園大会でも優勝候補の強豪校《きょうごう》になり、そのなかで、さらに四番バッターや投手などの目立った人がスカウトされるぐらいですから、なかなかプロにはなれません。

ですから、もし一億円でスカウトされる人がいたとしても、嫉妬に及《およ》ばずというところはあると思います。そうしたものが自分に来ることもないということで、競争に極端《きょくたん》に差がついた場合は、嫉妬しようとは思わないのです。

ところが、政治的な活動や、経済的な活動で、普通《ふつう》のサラリーマンのように働いて稼いでいる場合、あまり「差」がつくと「嫉妬の原理」が働いてきて、なかなか許しがたくなってくるところはあるでしょう。

## 当時の社会の歪《ゆが》みを反映したマルクス的「共産主義」

それを解決しようとしたものとして、一八〇〇年代に出た「マルクスの思想」

などはその一つであろうと思います。

時代背景を考えれば、『資本論』の最初のものはドイツ語で書かれたものですけれども、一八〇〇年代当時、マルクスはロンドンにいました。イギリスには大《おお》地主《じぬし》の貴族がいましたが、大地主は狐狩《きつねが》りなどをしていても、小作人から収穫《しゅうかく》が納められるので、収入があがって食べていけたのです。そういうものに対し、「『自分らは働いていなくても食っていける』というのは、けしからんじゃないか」という話です。

ただ、その代わり、そうした貴族階級に属する人たちは、無報酬《むほうしゅう》で議会の議員をやったりしてはいました。もっとも、身分が高い人でないと議員になれなかったのですけれども、彼らはボランティア、手弁当の精神でやっていたりもしたので、そのよし悪《あ》しは何とも言いがたいところがあります。

現在言われる「政治とお金」の問題において、お金で票を買うとか、お金で派《は》閥《ばつ》をつくったり子分をつくったりして勢力をつくっていくようなことは醜《みにく》いことだと思うけれども、そういうことは、貴族階級が指名されて議員になっていく場合には起きにくかったのです。

確かに、下層世界の農民たちが汗水《あせみず》垂らして働いて得た収穫の一部を上納《じょうのう》させて、自分たちは政治の議論等をしていてもよかったというのは、「身分としてはけしからん」という言い方もあるでしょう。しかし、お金で買収したりする必要はあまりなかったというような点はよかったと思いますし、貴族にも堕落《だらく》する人としない人の両方がいたとは思います。

しかし、一八〇〇年代のマルクスは、「貧富《ひんぷ》の差はよろしくないし、一部の人たちに富が集まっているので、労働者が団結し革命を起こして、そうした一部の人たちが持っている富をばら撒《ま》かせて、みんなに平等に撒くべきだ。そうしたら、個人個人が『一人一票』と同じように平等になる」というような考えを持っていたわけです。

ただ、そういう意味の「最終の共産主義」というのは、そう簡単には成立しません。今、共産主義で成り立っているものは、例えば「一人一票」です。これもある意味では共産主義の考えだと思います。結果平等に近いものだからです。それから、結婚《けっこん》もそういうところがあります。イスラム教は別として、だいたい、夫婦の重婚《じゅうこん》はさせてもらえないというのも、ある意味での共産主義的制度ではあると思います。このくらいであって、あとは難しいのです。

こうしたマルクス的な共産主義は、当時の社会の歪《ゆが》みを反映はしていたでしょう。

マルクスが『資本論』の第一巻を出したのは、日本では江戸《えど》末期、幕府が倒《たお》れる前の一八六七年で、ちょうど坂本龍馬《さかもとりょうま》が将軍・徳川慶喜《とくがわよしのぶ》に大政奉還《たいせいほうかん》をさせたときです。そのときが、マルクスの『資本論』が発行された年なのです。

しかし、当時は千部ぐらいしか出ていません。マルクスは完璧《かんぺき》主義者で、何度も何度も書き直して完璧なものを書きたがるので、遅筆《ちひつ》でなかなか完成しませんでした。今、大きくは全三巻、小さくは九巻本ぐらいになっていますけれども、当時はその原案、原稿《げんこう》はあったものの、手を入れすぎて、生きている間には一巻目しか出せなかったのです。そのあと、友人であってスポンサーでもあったエンゲルスが引き受けて、三巻全部を出してくれてはいます。

このエンゲルスが、現代のフランスにトマ・ピケティという名前で生まれ変わり、『21世紀の資本』という〝現代の『資本論』〟のようなものを書いていますが、「結局、資本を持っている人のほうが有利だ」という結論です。

ピケティは、「資本を投資あるいは投機して得られる利益、資本の運用による利益は、人が生産性の向上によって、要するに、会社の成長や売上の伸《の》びなどによって得られる収入の向上よりも常に大きい」という公式をつくりました。

それで、「結局、そうした資本家、大金持ちを置いておけば、格差は開《ひら》くばかりだ。格差が開かないようにするためには、やはり、大金持ちからお金を取るべきだ」というわけです。

そこから、「昔からある累進課税《るいしんかぜい》的な考え方を、もっと厳しくしたらよいのだ。そうしないと、もっと格差が開くぞ」というようなことで本を出し、全世界でベストセラーにもなりました。幸福の科学でも霊言《れいげん》（『現代の貧困をどう解決すべきか　トマ・ピケティの守護霊《しゅごれい》を直撃《ちょくげき》する』〔幸福の科学出版刊〕）を出してはいますけれども、そういう考えが出てきました。

## 「新福祉《しんふくし》国家主義」が、アメリカや日本でも強くなってきている

また、一九九〇年代の終わりごろから始まってはいたのですが、二〇一一年ぐらいからは、「ウォールストリートあたりで働いている一パーセントの人が、ア

メリカの富のほとんどを持っている」「一パーセント 対 九十九パーセントだ」というような感じで、格差問題はアメリカにも出てきています。

「新自由主義」の考えでは、「能力に応じて行えば、差は開く。市場経済は大事であり、自由競争がないと人間は堕落する。それで富が大きくなったら、上のほうからトリクルダウンすれば、シャンパンタワーのように、上から溢《あふ》れてきた富がだんだんに下まで行って潤《うるお》うので、やはり、豊かな人が出てきたほうが、全体的には国が豊かになるのだ」ということが強く言われています。

ところが、これを否定する考えが強く出てき始めており、それは日本でも強くなってきました。

この考えを、新自由主義に対抗《たいこう》する「新福祉《しんふくし》国家主義」ともいいます。「共産主義」というのはもう悪いことが多すぎて、だんだん言いにくくなってきたので、現代社会では、「福祉」という言葉を使うのです。そして、「福祉思想」や「社会保障」「所得の再分配」、あるいは「相続税等による資本の再分配」ということを強く言っています。

要するに、野党、左翼《さよく》がやろうとしているのと同じことを、与党《よとう》のほう、保守の側も違《ちが》う言葉でやり始めていないと、結局は全員の票を集められないという感じになってきているのです。

そういうわけで、戦いは続いているところですが、富んだ者のほうに有利な考え方を強く主張すると、実際上、成功者の数が少ないため、投票型民主主義ではなかなか勝てないことになります。しかし、「少数の金持ちからお金を取って、みなにばら撒きますよ」と言うと、票の数は基本的には増えるので、放置すれば野党のほうが勝ってしまうのです。

そのため、与党の側では、「税の公平性」を言いつつも、だんだん高い税率をかけるようになって、所得の再配分がなされるようになります。それによって、

「貧しい人たちに対する援助《えんじょ》や、年寄りに対する福祉に使うのだ」というようなことをやりたがります。

そういうことがずっと続いているわけですが、そうした微妙《びみょう》な〝さじ加減〟は難しいところではあります。

以前に私が書いた本（『現代の貧困をどう解決すべきか　トマ・ピケティの守護霊を直撃する』〔前掲《ぜんけい》〕）を読み直したら、もう私も忘れていたのですが、安倍《あべ》さんの第二次政権になってから、「若い人が結婚したら、十八万円もらえる」というようなことが書いてありました。「十八万円くれるからといって結婚するだろうか」などと私が言って、疑問を呈《てい》しているところがあったのです。

もう、そういうことは忘れていたのですが、最近のバラマキはさらに進んでいるので、とにかく、今、〝くれっぷり〟はいいでしょう。よく撒いてくれます。

現在、年収制限はありますが、三十九歳《さい》以下で六十万円支給することになっています。

## 税率の〝さじ加減〟を誤ると、かえって税収が減る

そのようなわけで、共産主義と戦ってはいるのですが、そうした次の時代の経済における「資本の論理」は、とても難しいものになっているとは思います。

例えば、イギリスでは一時期、所得によっては九十八パーセントか、九十九パーセントという、ほぼ全額に近い税率がかかるような事態が起きたこともありました。労働党が強かったとき、マーガレット・サッチャーが首相になる以前のことです。

マーガレット・サッチャーは新自由主義的な考えによって、税制の改革をした方です。「お金持ちを出さなかったら、国が豊かにならないので、国民は貧乏人《びんぼうにん》のままだ。だから、お金持ちが出るように、そんなに高い税率で取ってはいけな

い」と考え、百パーセントに限りなく近い税率という、労働党がつくったような考え方を破壊《はかい》したわけです。

ただ、それと同時に経費の節減をやったためか、評判は悪かったのです。教育省関係の学校への補助金等をだいぶカットしていたので、十一年間、首相をやって辞《や》めるときには、さんざんな言われ方をして辞めています。ただ、そのあと、イギリスはＥＵに吸収されて、一緒《いっしょ》になっていくわけです。

当時、サッチャーの時代には、レーガン・アメリカ大統領も同じような考えで、「ラッファー曲線」というものが出されています。これは、当会から出ている、『トランポノミクス』（幸福の科学出版刊）というトランプ大統領の経済政策についての翻訳書《ほんやくしょ》にも書いてありますが、

『トランポノミクス』（スティーブン・ムーア、アーサー・Ｂ・ラッファー 共著／藤井幹久《ふじいもとひさ》 訳 幸福の科学出版刊）

『トランプ経済革命』（スティーブン・ムーア、アーサー・Ｂ・ラッファー 共著／藤井幹久 訳 幸福の科学出版刊）

一九八〇年代にラッファーという人がレーガンの経済顧問《こもん》に就《つ》いて、「税率を上げていくと、一定までは国家の税収が増えるのだけれども、一定を超《こ》えたら今度は減り始める」というようなことを言いました。

それは当然のことで、税率が高すぎたら、もう、それほど働く気はなくなるし、今度は利益隠《がく》しをし始めるでしょう。利益を出さないようにしていくわけです。日本の会社なども、「七割以上はいつも赤字」という状態で、利益を出さないようにして、税金を払《はら》わないようにしています。そのように、税率と税収とは必ずしも正比例するわけではないのです。したがって、このあたりは、とても難しい〝さじ加減〟を今しているところでしょう。

## 「格差是正《ぜせい》」や「嫉妬心《しっとしん》が集まること」は本当に正義なのか

このように、正義の考え方、「何が正義か」ということも本当に難しいのです。

例えば、かつてマルクスが言ったことが、今、実際には日本等では、「所得の再配分」や「所得格差が非常に少ない」というかたちで実現されてきています。

では、だいたい、どのくらいの人が「中流」と思っているのでしょうか。昔は、九割が「中流」と思っていたのですが、今はさすがに、九割はいないとは思うのです。ただ、七割前後は「中流だ」と思っている人がいるだろうとは思います。

ですから、大金持ちはほとんど出ないのですが、少しだけいます。会社は多大な借金をしていても、孫正義《そんまさよし》氏のような人は、利益が出た分は自分の収入としてボンボン入れていて、大金持ちになっていると思います。

また、ファーストリテイリング、ユニクロの柳井《やない》社長も、安売りで企業《きぎょう》を大きくして利益を出し、個人としては兆単位まで持っているかとは思いますが、やはり、嫉妬《しっと》が怖《こわ》いからか、京都の山中伸弥《やまなかしんや》氏などのノーベル賞を取った方々に、「ウィルス等の研究に使ってくれ」ということで、最近、百億円を寄付したりもしています。

ときどき、そういうふうにしておかないと、本当に命を狙《ねら》われる恐《おそ》れはあるでしょう。みな、「赤字だ」「消費税だ」ということで苦しんでいるときだったら、そういうこともあると思います。

この「何が正しいか」の見方は本当に難しくて、試行錯誤《しこうさくご》の繰《く》り返しなのです。あるいは、政治哲学《てつがく》系であれば、「正義論」のようなことが説かれているものもあるのですが、そうした「正義論」なども、どちらかというと、やはり収入の格差を是正《ぜせい》し、なるべく平等に近づけていくところにあると思います。主としてロールズという人などが書いていますが、そうした格差をなくしていくところに正義を認めている部分があるのではないでしょうか。

私も、収入の多い人には、収入の少ない人や、実際上、困っている人を助ける義務があるとは思っています。ただ、制度的に、〝一定以上働いた者が自動的に巻き上げられる制度〟をつくると、今度は個人としての智慧《ちえ》や努力の部分が虚《むな》しくなっていく面もあることも確かなので、ここのところの加減は難しいのです。

そのように、格差是正を正義と考える考え方もあります。

あるいは、日本のマスコミ、特に、週刊誌などは、「嫉妬心が集まれば正義」という判断をするところがあるので、成功したりお金が儲かったりしている場合、人々が嫉妬するかどうかなのです。要するに、嫉妬心がグワッと高くなってきたら、それが〝正義〟という感じになることがあるわけです。

もちろん、いろいろなことの総合だとは思います。「何をして儲けているか」とか、「その仕事が役に立っているかどうか」とか、「役に立っていない」とか、「濡《ぬ》れ手で粟《あわ》みたいな儲け方をしたかどうか」とか、「その人の徳はどうか」とか、総合的には、いろいろあるでしょうけれども、「嫉妬心が集まれば正義になる」という考え方はしていると思います。

これについては、宗教的な裏打ちというか、「正しい考え方は何か」ということろがもう少しないといけないでしょう。「嫉妬したら撃《う》ち落としても構わない」といったものは、ちょっとどうかなという考えもあることはあります。

人間の評価や仕事の評価については、やはり、もう少し多角的な面があるのではないかと思います。そういう意味で、「正しく見る」という、八正道《はっしょうどう》の「正見《しょうけん》」は、こういうところにもあるでしょう。

## 二十歳《はたち》前後のころに大きなテーマであった「嫉妬心《しっとしん》の克服《こくふく》」

私の教えのなかには、嫉妬心《しっとしん》のことについて述べているところもあります。ハンナ・アレントについて書いた前ぐらいだと思いますが、二十歳《はたち》前後のころ、「嫉妬心の克服《こくふく》」は、自分自身にとっては非常に大きなテーマではあったのです。

ほかにも優秀《ゆうしゅう》な方はたくさんいました。「優秀で家柄《いえがら》もよく、確かに財産もあって、お父さんが偉《えら》い」というような方が、周りにはだいぶいたのです。田舎《いなか》から普通に来た自分としては、「これはとても敵《かな》わないな」という感じで、金銭的な財政力のところもあるけれども、知的資本にだいぶ差があったのです。

例えば、政治や経済の勉強をしようにも、田舎出身だと、それほど経済もありませんでしたし、政治もありませんでした。ＮＨＫの七時のニュースも、田舎で見ると、理解するのがけっこう難しいことを言っています。東京で何をやっているかということなど、あまり関係がなく遠いし、新聞もローカルニュースばかりを中心に組んであるので、そういったものを読んでいると中央の話がやや遠いのです。

ですから、政治の勉強をするにしても、「ちょっと足場が低いなあ」という感じはあって、ついていくのに何年かかかったのを覚えています。最終的には、お金をほとんど本代に使っていたために、電化製品をほぼ持っていなかった私としては、要するにテレビを買う余裕《よゆう》がなかったので、学生時代にはテレビを持っていなかったのです。

ラジオはポンコツのものが一つあったのですが、テレビは持っていなかったため、学生時代はテレビのニュースを観《み》ていなかったわけです。その最大の弱点は、今も言っていますが、国際ニュースのところです。そういうものは、テレビを観れば、やはりよく分かります。

例えば、「デモをやっているところ」や「警官隊が襲《おそ》っているところ」「大統領が演説しているところ」「それに反対しているところ」「対立する意見が出ているところ」などは、テレビのニュースを観ればよく分かるのですが、新聞の活字だけでは、やや実感が湧《わ》かないというか、イマジネーションが十分に来ないところがあって、このあたりは資本の不足があったかなとは思います。

## 今、振《ふ》り返れば「成功のプロセス」なども大事であると分かった

ただ、私も、メンタリティーとしては、高校ぐらいまでは、やや左に近い考え方のほうが強かったのです。しかし、大学に入ってからは、後《のち》に出世する人が多く、現実に、半分ぐらいは確かに出世していたようには思うのですが、だんだん体制寄りになっていく人も多かったこともあり、思想が変わってきたことは事実なのです。

ですから、そういう格差があったと言えばあったし、そういったものをうらやましいなと思っていたのですが、自分が今度は東京中心に仕事をし、ある程度の成功を収めて、子供たちも塾《じゅく》に行かせたり、家庭教師をつけたり、進学校に入れたり、いろいろとできて、自分にできなかったことをさせてみたら、「何かが違うなあ。おかしいな」ということが、ずっとつきまとうのです。

自分が若いころであれば、そういう人たちを「うらやましい」と思っていたかもしれません。優《すぐ》れた方々で畏《おそ》れ多くて、嫉妬するか、嫉妬もできなくて、〝目が潰《つぶ》れるというぐらいの感じ〟で、距離《きょり》を取らないと心が乱れるので、あまり近寄らないようにして、「友達にならないほうがいい」と思っていました。

そのような人たちに属する方向に、今、自分の子供たちはだいぶ進んだはずなのです。ところが、見てみると、確かに、アチーブメントというか、到達《とうたつ》したもの自体は測れるので、「優秀なのだろうな」と思うことはあるのですが、中身がどうも違うのです。何が違うのかはなかなか分からないけれども、何かが違うのです。いったい何が違うのでしょう。

例えば、「資本の利用の仕方」や「人の使い方」といったもの、あるいは、「システマティックな考え方」「より競争力の高い兵法を使って、短く手に入れようとする傾向《けいこう》」などは、やはり持ってはいます。

これらのことは、若いころの私が見たら、「賢《かしこ》いことなのだろう」と思っていたことではあるのですが、「そうでもないらしい」ということも分かってきました。

要するに、その過程、成功していくためのプロセスも非常に重要で、「いったいどういう努力をして、そういう結論に至ったのか」というところが、非常に大事なのだということも分かるようになりました。あるいは、「自分の頭で考えること」や「体験から考えること」も大事だということがよく分かりました。

## 私は、「資本家」と「貧しい人」の両方の立場を理解している

自分としては、当時は本当にテレビもなければ冷蔵庫もありませんでした。当会の映画で私の若いころを描《えが》いているものを観ると、台所にガスコンロが付いていますが、あれもなかったのです。ですから、もっと低い生活レベルで、「もう

勉強資本以外にはお金は使わない。お金があったら、ご飯《はん》は安いほうを選んででも、文庫本の一冊を買う」というぐらいの生活をしていたので、だいぶ違うのです。

そのように、だいたい、マルクスも感動するような生活を自分もしていたので、生活レベルは、おそらく、彼とそう変わらなかったのではないかと思います。彼も、お金がないので、『資本論』を書くのに、大英図書館に籠《こ》もって勉強したりしていたと思うのです。

それからもう一つ、「智慧」と「努力」「勤勉さ」、そして、「マネジメントの思想」等も使いながら、実際に成功する方法を学んできました。

会社時代にも経営者になるように育てられた部分もあるし、自分でも、起業とは違うかもしれませんが、宗教を立てました。同時期に立った宗教はほかにもたくさんあるのですが、戦後の宗教のなかでは、幸福の科学がいちばん大きくなっているとと思います。

それは単なる偶然《ぐうぜん》ではなく、そうなるべくしてなっていることなので、「考え方によって、ちゃんと成功できる」という、資本家の側、あるいは、ビジネス等で成功する人の側の考えも分かるし、貧しい人のほうの考えも見えてはいて、両方、分かっているわけです。

例えば、本多静六《ほんだせいろく》博士は、戦前、貧しい田舎から上京して、東京山林《さんりん》学校（東大農学部の前身）に入りましたが、一学期に落第したりしています。

彼は、田舎のために、米つきをしながら勉強していました。今、米つきと言っても分からないと思いますが、お米を精米《せいまい》する機械があって、それは足で踏《ふ》んで動かします。そういう、お米を精米にするための仕事があるのですが、手は空《あ》くので、書見台《しょけんだい》を置いて、足で踏みながら読めるわけです。

漢文のようなものは素読《そどく》をするので、それでも読めるのですが、数学の問題は、残念ながら、米を踏みながら解くのはちょっと無理でしょう。

そういったこともあって、東京山林学校に入ったものの、最初、数学で落第してしまい、故郷《こきょう》の人たちに申し訳ないので、自殺しようと井戸《いど》に飛び込《こ》んだりまでしています。

成績のところで、二つ単位を落として、井戸に飛び込んだのですが、米つきをはじめ、さまざまな農作業をやっていたため、腕力《わんりょく》が強すぎて、腕《うで》が途中《とちゅう》で引っ掛《か》かって死ぬことができなかったのです。

結局、しかたなく這《は》い上がってきて、自分の保証人になってくれた先生のところへ行き、「実は、落第しました。二つ落としました。数学の幾何《きか》と代数を落としました」と、成績表を見せました。

先生は、ジーッとそれを見ていて、「確かに合格点には達していないけれども、足りないのはわずか二点ではないか。このくらいなら、頑張《がんば》れば合格できるから、君、諦《あきら》めずに勉強しなさい」というようなことを言ったのです。さらに、持っていって見せた成績表をベリベリに破いてゴミ箱に捨て、「郷里の両親に報告する必要はなし。報告しないでよろしい。私の一存で、胸に入れておくから、君は、あとは自分で頑張れ」というように言いました。

そこで、夏休みに必死で数学の問題を千題以上解いたら、二学期からは百点ばかりが出るようになって、「何だ、勉強したらできるようになるのか」とびっくりしてしまったようです。さらに、「本多は数学の天才だから、もう試験を受けなくてよろしい」といったことを言われるところまで行っています。

その後、ドイツに留学していますが、留学資金が十分ではないので、短期で博士論文まで書いて、二十五歳で博士号を取って帰ってきたりもしています。

そういう話はいろいろありますが、私は、こうした、米つきをしながら勉強した本多静六などにも感情移入できたのです。

あるいは、渡部昇一《わたなべしょういち》先生などもそうです。

昔は、ご飯を炊《た》くときに、火を起こして、風をフーフーと鞴《ふいご》で吹《ふ》いて、火力《かりょく》を強くしてやります。子供の仕事として、そういうものをやるのですけれども、やはり、渡部昇一先生が小学校時代にフーフーと吹きながら漢詩などを読んでいたというのです。気持ちとしては私もよく分かるので、そのように書いてあるものを読んで、共感することもありました。

そういうわけで、私はいちおう両方とも経験はしたので、私からは、マルクスの『資本論』のような共産主義的なものを出すこともできれば、ビル・ゲイツやウォーレン・バフェットのような考え方を出すこともできるのです。実は、どちらも可能な経験を持ってはいます。

ただ、そのなかから、「今後の社会をどのように見ていくのが正しいか」ということを考えていくのが大事ではないかと思っています。

## 「個人の正しさ」と「文明が栄える仕組み」という二つの視点を持つ

とにかく、今考えていることは、男性女性を問わず、個人として、どう物事を見、考えることが正しいのかということです。この人間関係論のなかでの、人間としての正しい生き方、「どういう見方をしていくのが正しいのか」を教えるということが一つです。

もう一つは、自分たちが置かれている社会、あるいは、政治の世界、経済の世界のなかで、どういう仕組みをつくっていくことが、「最大多数の最大幸福」になりつつ、文明がさらに栄えて続いていくようになるかということです。そういうものをつくらねばならないと考えています。

私は、こういう二つの視点を持って、勉強もしたり、考えもしたり、発言もしたりしているわけです。

「格差問題」について言えば、この問題を国内だけではなくて世界まで広げると、世界の格差の問題は、もうどうしようもないぐらい開いています。ですから、これは、単に富める国が貧しい国にお金を送っただけで解決するとは思えません。やはり、その前には「教育の問題」があるでしょう。教育して、一定のレベルまで仕事ができる基礎力《きそりょく》のところをつくらなければいけないので、教育の普及《ふきゅう》が必要だと思うのです。

教育の普及があって、さらには、科学技術の面で、一定の文化レベルがキープできるところまで、そうした技術的なもの、工業的なものが出来上がる必要があります。

それからあとが、「経済発展をどのようにつくっていくか」という、企業家や経済学者、あるいは国家運営をする政治家たちの考えで変わってくるレベルだろうと思うのです。

そのため、すぐに格差をすべて同じように是正することとはならないでしょう。もし、一人当たりの収入が百分の一の国に、単にお金だけを同じにしようとして、「日本の収入のある人は、その半分を、『百分の一』の人にあげよう」というようなことをしたら、両者の経済力がほぼ同じにはなるかもしれません。

しかし、お金をもらっても、その使い方というのは難しいので、お金ができたときには、お金を使えるだけの技術がまた要《い》るわけです。お金を使うこともなく埋蔵金《まいぞうきん》にして埋《う》めていたら、経済的には何も影響《えいきょう》はないでしょう。そういうことがあります。

そのように、世界の格差の問題と、日本国内での格差の問題の両方がありますが、日本国内については、今はある程度まで調整がついてきてはいるのかもしれません。

むしろ、韓国《かんこく》などのほうが、財閥等がすごく強いようです。韓流《ハンりゅう》ドラマを観ると、ほとんどが財閥の息子《むすこ》や娘《むすめ》が出てきて何かをするようなものなのは、そうしたものに憧《あこが》れるからでしょう。

韓国ではそういうものが多いのですが、日本では、今はもう、そういう感じはなくなってきているのではないかと思います。「資本」と「経営」の分離が行われて、もし財閥があっても、実際はそちらの会社のほうで経営はしていないことが多いと思いますので、一サラリーマンでも出世するチャンスはあります。

ドラッカー的に言えば、「アメリカなどに比べて、日本は、工場の工員として入っても、一技術者として入った、プロレタリアートに当たる労働者であっても、まだ社長になる可能性がある。アメリカには、ほぼないけれども、日本にはあるというから、日本社会は優れているのではないか」というものの見方もあります。

## 6　日々の精進《しょうじん》で心眼《しんがん》を開く努力を

### 「心眼を開く」には、精神性だけでは済まないところもある

いずれにせよ、今、いろいろなかたちを勉強しながら、日本的に本当に優《すぐ》れているものを考えていかねばならないでしょう。ただ、その背景においては、仏法《ぶっぽう》真理《しんり》的なものが極《きわ》めて弱まっていますので、やはり、仏法真理に根ざしたものの考え方というものを入れてほしいと思います。

例えば、先ほど『真説《しんせつ》・八正道《はっしょうどう》』（前掲《ぜんけい》）に触《ふ》れましたが、この「道《みち》」には正《しょう》見《けん》・正思《しょうし》・正語《しょうご》・正業《しょうごう》・正命《しょうみょう》・正精進《しょうしょうじん》・正念《しょうねん》・正定《しょうじょう》と八つもあるので、難しいと思う人もいるかもしれません。しかし、こういうことを考えるだけでも、人間と

して心の錆落《さびお》としができ、徳を磨《みが》いていく道になるし、そういう人に経済的にも成功してほしいと思っています。

本書は「心眼《しんがん》を開く」という題を掲《かか》げていますが、今、私は、ある程度、人間としての基礎《きそ》レベルのところは満たしたほうがよいだろうと考えています。古い宗教においては、何もかもを捨てて、無一物《むいちもつ》で生きて悟《さと》りを開くという考え方もあるけれども、現代的にはかなり厳しいと思います。

例えば、宇都宮《うつのみや》に幸福の科学総本山《そうほんざん》・正心館《しょうしんかん》がありますが、その隣《となり》に建てたネパール釈尊館《しゃくそんかん》は、ネパールの人たちが愛知県の「愛・地球博」に出展していた寺院（復元）等を取得したものです。それをネパールの人たちが組み立て直して建てたもので展示していますが、その落慶式《らっけいしき》の際に、「ネパールの高僧《こうそう》」と称《しょう》する人を三人お呼びして、高度な技術が要《い》る砂絵を描《か》いてもらったことがあります。

その後、いちばん上の和尚《おしょう》さんだけはちゃんと帰国しましたが、高弟《こうてい》二人は日本国内で失踪《しっそう》してしまったのです。警察に届けを出したものの、「もう見つからないでしょうな」ということを言われたようです。

要するに、日本にいたら収入が百倍になるので、「雑用でも何でもいいから、百倍になる」ということで、帰りはしないわけです。

和尚さんだけはネパールに帰りましたが、現地の空港からバスに乗って、バスの終点からまた歩いて二日ぐらいかかるようなところまで帰らなければいけないということで、弟子《でし》たちは逃《に》げてしまって、今も見つからないのですが、おそらく、ネパール料理店の下請《したう》けか何かに入っているのではないでしょうか。

日本で何カ月か働けば、家族が何年も暮らせるぐらいらしいので、しかたがないところはあるかもしれません。百倍といえば、そういうことになると思いますが、彼らにとっては理想の国なのでしょう。

したがって、精神性だけでも済まないところはあるとは思います。

「政治的な自由の確保」、「経済的なある程度の〝自助論的な成功の方法論〟の確立」、そうしたメンタリティーを持つことを勧《すす》めつつ、そのなかで、仏教的な、あるいは神道《しんとう》やキリスト教でもよいのですけれども、神仏との関係において常に自分を脚下照顧《きゃっかしょうこ》し、正しい道を選び取るという、そうした生き方をしていくことが大事です。

そういうふうにしていれば、「心眼」というものが開いてくると思うのです。「心の眼《め》」が開いてきて、今まで普通《ふつう》の眼で見えていたのと違《ちが》うものが見えてくるでしょう。非常に自己中な、自分中心的なものの見方からは離《はな》れると思います。

かといって、完全に自己を放棄《ほうき》して、「自分がこの世に生まれた目的なんかないんだ。自分なんかくだらないんだ。生まれてくる必要なんかなかったんだ。親はなんで自分なんか産んだんだ。産んでくれたおかげで、こんな不幸になったじゃないか」と言うような、こんな人間をつくりたいわけでもありません。

それぞれの人間が限りないチャンスを持ってこの世に生まれてきています。そうした社会のユートピアを目指しながらも、一方では個人として、せっかく魂《たましい》として肉体を持って生まれた人たちに、やはりチャンスを開いていきたいと思います。

考え方によって、人間がどれほど変わっていくかということです。

## 自分や他人《ひと》の見方を正し、日々の精進《しょうじん》を重ねる

まずは、人間関係であれば、人の見方、その人をどのように見るかということです。〝目分量《めぶんりょう》〟で相手の人物を正しく測ることができ、「この人は、こういう人である」ということがブレずに見えるようになる、あるいは、「他の人たちから自分がどう見えているか」ということがブレずに見えていることです。これは極めて大事だと思います。

日本の宗教的伝統のなかにも、妖怪《ようかい》、鬼《おに》、天狗《てんぐ》、妖魔《ようま》など、いろいろなものも入ってきていますので、若干《じゃっかん》、歪《ゆが》んだ神様の意識というか、神様、仏様、高級霊《こうきゅうれい》、天使たちに対して、レンズがやや歪んでいるような感じの見方で見ている者も多いと思います。

そういう者に対しては、やはり、もう一度、仏教やキリスト教などの世界宗教になったものの目を通して、きっちりと、この民族宗教を正し、きちんとした神の目で見て通用するような、「他人《ひと》の見方」、「自分の見方」、そして、「どういう関係を結ぶのが適正であるのか」等をつくっていかねばならないでしょう。

学ぶことはたくさんあります。教えるべきこともたくさんあります。簡単ではないだろうと思います。

しかしながら、大きなことを考える必要はなく、一日一日を精進《しょうじん》していくことが、やはり大事です。

今日の一日、自分はどこが進歩したか、何が発見としてあったか。こういうことを積み重ねていくことで、一年が過ぎる。その一年で、どれだけ自分が進歩したか、どれだけの仕事をなしえたか。こういったことの積み重ねが大事だと思います。

幸福の科学を立宗《りっしゅう》して三十四年になります。本法話《ほうわ》のような説法《せっぽう》をしているうちに、いつの間にか、書籍《しょせき》を二千七百書も出しているようになりました。

しかし、まだまだ、組織としては、幸福の科学は弱く、弟子たちの悟りも低く、この世的な力も弱いと、私は思っています。

もっともっと、みなさんが立派になっていかないと、この教えを広げることはできません。

「単純なバブル的な発想で成功した」と思うのではなく、「もっと実体を持った成功の仕方」で、大きく物事を考えていって、多くの人々によき影響《えいきょう》を与《あた》えていくことが大事なのではないかと思います。

「心眼を開く」ということの概論《がいろん》的な話を中心に述べました。心のあり方等については、これからも、教学を深めるために、さらに説法を重ねていくつもりです。

本説法の当日は、自分の誕生日でもあったということで、出家《しゅっけ》を表明して三十四年の機会に、その時点で立っている位置から見て、自分の感じるところ、考えるところを振《ふ》り返ってみました。

みなさんも、どうか、日々の精進で、心眼を開く努力をしてくだされば幸いかと思います。ありがとうございました。

# 第2章

# 心《しん》眼《がん》を開く②

二〇二〇年七月八日　説法《せっぽう》
幸福の科学 特別説法堂にて

## 1　人物の外側と内側の両方を見る

### 心の眼《め》とは、「人物眼」「眼力《がんりき》」という言葉でも言えるもの

前章では「心眼《しんがん》を開く①」の話をしたのですが、時間内で本論まで行き着かなかったので、続きをお話ししようかと思っています。題を見ても分かるように、「心の眼《め》を開く」ということなので、「そこまで行くには、どうしたらよいか」という話は必要なはずです。

いろいろな書物等に、いろいろなことが書いてはあるのですけれども、かなりバラエティに富んでいるので、それはさておいて、「自分が実体験として学び、こういうことをつかみ取った」ということを中心にお話ししたほうが、このテー

マにはふさわしいのではないかと思います。

ある意味では、心眼が開けたことによって私の人生は変わっていったわけです。ただ、誰《だれ》もがそうなるわけではないでしょう。

心の眼とは何かということですが、肉眼として「ものが見える」という、その見え方以外に、心でパッといろいろなことが分かってくるといった経験が多少はあるという人は、多いのではないかと思います。

人と会っても、「この人は温《あたた》かい人か、冷たい人か」とか、「何か犯罪の臭《にお》いがするタイプの人だな」とか、「子供のころ、いじめを受けた人なのではないかな」とか、「金銭面で信用できるタイプの人かな」とか、「口ではうまく言っているけれども、詐欺師《さぎし》の傾向《けいこう》がある人かもしれない。騙《だま》そうとしているのではないか」とか、いろいろなことが分かってくることがあります。

これは、同性、例えば男性が男性を見るのであれば、自分の同年齢《どうねんれい》から下の年齢の人のほうがよく分かるとは思います。

しかし、少し年齢が開いてきて、十歳《さい》、二十歳以上も年が上になると、その人がどういう人であるかは、なかなか読めなくなってくることはあるかと思います。

また、経歴やいろいろな業績等を見て判断したりすることも多いですし、人の評価等で「こういう人だ」ということを言われるようになって、それを第一段階として受け入れることもあろうかと思いますが、それがすべてではありません。似たような経歴、似たような業績あるいは地位等を得ていても、その中身はだいぶ違《ちが》うことがあるのです。

このあたりは、本当に学問としても確立しがたいものでありますし、そう簡単に、客観的なものとして教えることもできないものではありません。「人物眼」とか「眼力《がんりき》」とかいうような言葉でも言えるかもしれませんが、確かに、学問的に教えるのは難しいことではありましょう。

　また、男性が男性を、女性が女性を見るというだけではなく、男女の間で、男性が女性を見、女性が男性を見るという異性の場合においても、その本質をつかむのはなかなか難しいことがあります。

　動物の世界でも、異性に対し、とてもよく見えるような姿をつくって見せるものもいます。

　例えば、大きな角《つの》が生《は》えている動物の雄《おす》などは、それだけできっと立派に見えているのだろうと思います。雌《めす》は、角がなかったり小さかったりすることもありますし、模様等が違う場合もあります。

　また、孔雀《くじゃく》の雄は、羽を広げればとても鮮《あざ》やかできらびやかな姿をしており、雄のほうが雌を惹《ひ》きつける能力を持っています。

　それは、逆に雌のほうであることもあります。人間界であれば、どちらかというと女性のほうが、外見をよくして男を惹きつけるということが、ややメジャーな考えかもしれません。

そのようなわけで、その人の「外側から見える人となり、人柄《ひとがら》」と「内側がどうであるか」という見え方との二つを勉強しなければいけないのです。ただ、両方とも、実はなかなか難しいと思われます。

## 「四十歳《さい》を過ぎたら、自分の顔に責任を持て」というリンカンの言葉

今は美容整形外科《げか》なども流行《はや》っており、そこで整形してきたりすると〝人生が変わる〟ということで、高い料金によってできるわけです。

もちろん、当会の大黒天《だいこくてん》にも、そういう方がいるかもしれないので、一概《いちがい》に否定はしません。運命が変わったり、職業が変わったりすることもあるので、よいこともあるかもしれません。

ただ、できたら、両親から頂いた肉体を自分で磨《みが》き込《こ》み、だんだん立派になっ

ていってほしいものだなと思います。

特に男性の場合は、中身がそうとう出てきます。しかも、若い時代にはそれほど二枚目だとは思われなかったような人が、仕事で磨かれて、重い責任を背負ってやっているうちに、だんだんよい顔になってくることがあるのです。

その逆の言い方として、リンカンなどは、「四十歳《さい》を過ぎた人は、自分の顔に責任を持たねばならない」というようにも言っています。

あるとき、「この人を要職に抜擢《ばってき》してはどうか」というお伺《うかが》いを上げたところ、リンカンが「顔が気に入らない」というようなことを言うのです。それに対して、側近の人が、顔ぐらいで人を判断してはいけないのではないかと言ったことのほうが、やや宗教的に聞こえる場合もあるのですけれども、リンカンの答えはそうではなく、「人間、四十年も生きたら、生きてきた人生がどういうものであったかは、自《おの》ずから顔に表れてくるものだ」といったことだったのです。

要するに、「顔がその人物を表しているので、顔を見て、『自分が登用したいような徳のある人物ではない』と判断した場合は、登用できない」というようなことを言ったわけです。

実は、リンカンこそ、若いころ、わりあい醜男《ぶおとこ》だと言われていた人でした。背が高くて二メートル近く身長があり、手が非常に長くて足も長く、〝クモ男〟のように言われていたのです。スパイダーマンではありませんが、クモ男のような感じだったようです。どのくらいまで手が長かったかは知りませんが、普通《ふつう》よりは長かったはずです。

仏典《ぶってん》などを読むと、仏の三十二相《そう》のなかに、手が膝《ひざ》まであるような相も出てきます。宇宙人ではあるまいし、膝まで手があったら雪男のようです。

仏典のなかには、「手が長い」とか、「足に水かきがある」とか、面白《おもしろ》いことが書いてありますが、そのままには信用できません。後世の人が、吉相《きっそう》とはどういうものかを書いているのでしょう。

## 若いころは醜男《ぶおとこ》と言われ、苦労や努力を重ねたリンカン

リンカンは、「中身が出てこなければいけない」と語ったわけですが、彼自身は、若いころは醜男《ぶおとこ》だと言われ、恋愛《れんあい》が成就《じょうじゅ》しなかったことも多かったように聞いています。

しかも、家は貧しく、自分たちでつくれるぐらいのログハウス（丸太小屋）で育ち、本は『聖書《せいしょ》』と法律書ぐらいしかなかったと言われています。

また、斧《おの》で木を切るのは得意だったと言われているので、力があったのかもしれません。映画のなかには、斧をクルクル回しながら、ヴァンパイアと戦い、ヴァンパイアを吹《ふ》っ飛ばしていくようなリンカンが出てくるものもあります。

このあたりから見ると、「モテる条件」というか、「出世の条件」は、ほとんど

見当たりません。

また、若いころ、婚約《こんやく》した人に死なれてしまい、そうとう慟哭《どうこく》した感じが顔にも出てきています。彫《ほ》りの深い、シワの深い顔になっています。ですから、年齢よりも年を取ったような顔にはなっています。

リンカンは、いろいろな所を遊説《ゆうぜい》して回っていたのでしょうけれども、ある少女から手紙をもらいます。そこには、「リンカンおじさん、きっと口髭《くちひげ》を生やしたら、もっと立派になると思いますよ」というようなことが書かれていて、そのとおり、髭を生やしてみたら、ある程度、立派に見えるようになったのです。こんなことがあって、あとで、髭を生やしてハット（帽子《ぼうし》）を被《かぶ》っているリンカン像が出てくるわけです。

リンカンは、選挙でもたびたび落ちています。三回連続で落ちるというのはよくあることなので、そういうこともありましたし、二度目の婚約をして結婚したあと、相手の女性は少しこの世的な人であったらしく、あまり幸福ではなかったようです。

最初のころのリンカンは、「ゼロからの出発」のような人だったのですが、ある程度、政治での成功を目指すようになっていました。弁護士も、今のように、「学校にきちんと行き、ロースクール（法科大学院）に行って弁護士になった」とか、「司法試験の予備校に通い、試験に通った」とかいうのではなく、本当に独学で弁護士になった人であり、それを梃子《てこ》にして、次に政治家への転身を図《はか》っていったわけです。

雑貨屋でアルバイト的な仕事をしていたことも伝えられています。ただ、勉強熱心で、雄弁家《ゆうべんか》が演説をしに、わりに近い所まで来ていると聞いたら、何十キロの道を厭《いと》わずに歩いていって、それを聴《き》いていたと言われています。

## 努力して自分を変え、四十歳《さい》ごろまでに人格を練ったリンカン

若いころのリンカンは意外に血の気《け》も多く、批判癖《へき》が強かったようです。ややシニカル（皮肉）な言い方の批判をする癖《くせ》がだいぶありました。

これは、私も経験があるのですが、いろいろなことを勉強して物事がよくできるようになり、秀才《しゅうさい》になってきたりすると、人の欠点がよく見えるようになるのです。まだ自分の実績があがるところまで行かないものの、それより先に、愚《おろ》かな人や失敗する人の欠点であるとか、転ぶ前の杖《つえ》が要《い》るような状態であることなどが、よく分かることがあります。

そのように、若いころのリンカンは、けっこう血の気も多く、口もそうとう悪かったらしいのです。

あるとき、口論になり、決闘《けっとう》ということになりました。当時の習慣として、拳《けん》

銃《じゅう》を腰《こし》に差し、背中合わせになって十歩歩いて振《ふ》り向きざまに撃《う》ち合うというような決闘が行われることがありましたが、そのときも決闘をするところまで本当に行ったようです。しかし、なかに割って入って止める人が出てきて、「怒《いか》りを収めよ」ということで両者を分け、決闘をやめさせたのです。

さすがに、このときにリンカンも肝《きも》を冷やし、いちいち喧嘩《けんか》をして決闘をしていたら、命が幾《いく》つあっても足りないというか、半分の五十パーセントは死ぬことになるので、「これはいけない」ということで、自分を変えようと強く志《こころざ》すわけです。

死んでからあとのリンカンには、「何人《なんぴと》に対しても悪意を抱《いだ》かず」という題の伝記（“With Malice Toward None《ウィズ マリス トワード ナン》”）が出ているぐらいなので、本当に、言葉を調《ととの》えるということに対しては非常に気を遣《つか》った人であるのです。そういうことが言われています。

リンカンが、それほど人を罵《ののし》ったりけなしたりしていたのは、自分の不幸もあったからでしょう。不幸の経験のある人というのは、けっこう人に対して厳しいことを言うのです。自分が幸福になれない代わりに、他の人をこき下ろしたり、他の人に不幸感覚を味わわせたりすることで、少しでも自分の気が紛《まぎ》れるというか、高みに上《のぼ》ったような気持ちになるわけです。

ところが、リンカンは、そういう経験をし、そうとう努力して自分を変えたのだろうと思います。ですから、彼の言葉から見れば、四十歳《さい》になるころまでには、そうとうに人格を練って磨いたのだと思うのです。

『聖書』と法律書だけで、そこまで行くかどうかは知りません。それ以外にも、いろいろな人との出会いや付き合いのなかで、対人関係をよりよくするように努力していたのではないかと思います。

だからこそ、自分もそういう経験があったからこそ、「四十歳を過ぎた人間は、自分の顔に責任を持たねばならない」と言ったのでしょう。

## 仕事をある程度の期間していると、職業に応じた雰囲気《ふんいき》が出てくる

これは、ある意味では当たっています。大人になって、ある程度の期間、一定の仕事をしてきた場合には、何となく、その人の職業というものが見えてくることはあります。

商売人には、商売人らしい雰囲気《ふんいき》が漂《ただよ》っていますし、警察官には、非番であっても、やはり警察官らしい雰囲気が漂っています。軍人には軍人らしい雰囲気が漂っていますし、銀行家には銀行家の雰囲気があります。どうしても出てくるのです。

学校の先生も、本当によく分かります。学校で先生をしていると、やはり立ち居振る舞《ま》いが変わってくるのでしょう。どうしても先生にしか見えない人は出て

きますし、大学教授風の人も出てくれば、音楽家風の人、絵描《えか》き風の人も出てくるのです。

そのように、いろいろな雰囲気が出てきて、顔にも表れてくるので、その人の職業はだいたいどういうものかが分かってきます。

警察官をやっていると、眼光《がんこう》が鋭《するど》くなり、犯人をすぐ捕《つか》まえるような目になってしまうので、それなりに分かってくることもありますし、税務署の職員をすると、それまた雰囲気が出てきます。

前にも一回お話ししたことがあると思いますが、宗務本部にもいた職員ではあるのですけれども、税務署出身の人を経理担当として入れたことがあります。

その人は、信者同士でお見合いをしたのですが、相手のほうから、「お金の話ばかりする」ということでクレームが出ていました。物を見ると、「あれは幾らぐらい。あれは幾らぐらい」と、すぐ分かるというのです。「勘《かん》のようなものが働いて、『これは幾らぐらいで、この店の売上は一日当たりこのくらいだ』とか、『物の値段』とか、『収入がどのくらいか』とかが分かる」というような話を、あまりにも聞かされて少しげんなりしたということで、お見合いはうまくいかなかったようです。

このように、職業の癖というのは、どうしても出るものです。

外見はつくれるものもあるので、外見だけで判断してはいけない

あるいは、女性であっても、仕事によっては、ずいぶん変化していくことはあるのではないかと思います。

先ほどの孔雀の逆ですけれども、女性の場合、子供時代と大人になってからとでは、中身はそれほど変わっていなかったとしても、外見はそうとう変わることがあります。郷里の小学校・中学校時代の同級生の女性が、二十歳《はたち》を過ぎたら、

会っても分からないぐらい外見が変わっているようなことはあります。髪型《かみがた》から化粧《けしょう》、服装まで変わるのです。そのように、ちょっと見ても分からないぐらい変わる場合もあります。

また、神様の立場から言うと、「広い世の中で男女が惹かれ合って結ばれるのに、女性に対してあまり十分な〝武器〟を与《あた》えてあげられなかったな」という後《こう》悔《かい》が少しあることはあり、この程度の〝武器〟で男を虜《とりこ》にするのは大変だろうなと思うことは、私もよくあります。

だからこそ、みな、「お化粧」に三十分とか一時間とかかけたり、「美容室」に行ったり、「服装」に関心があったりするのも当然かと思います。孔雀の羽の代わりに、服装に気をつけて、お化粧をして、別人になります。着ているものとお化粧で、そうとう変わるものです。そして、単純な男は騙《だま》せるわけです。

そういうわけで、「騙す力も実力のうち」と思っている女性はけっこういると思いますし、年ごろの男女には、ある程度の幻想《げんそう》はあるものだろうと思います。

ここで、少し注意しておかねばならないことがあります。例えば、学歴偏差《へんさ》値《ち》のようなものも言われていますけれども、美人偏差値のようなものがあって、「美人度が高い人は霊格《れいかく》が高い」というように勘違いする人が、当会のなかにも多くいます。しかし、そういうものではないということは知っていただきたいと思います。かなりつくれるものもあるので、外見だけを見て判断してはいけないのです。

もちろん、仕事や身分相応に出《い》で立ちを変えていかねばならないことはあるのですが、必ずしも、「霊格」がそのまま美人度として出ているわけではありません。

もし、心の中身や心の美しさまで見て言っているなら、それはそう言えるのかもしれませんけれども、現実は少し違うだろうと思います。

## 2　霊的《れいてき》な眼《め》が開けてきたときの注意点

心の眼が開いて憑《つ》いているものが視《み》えると、人が極端《きょくたん》化して見える

ただ、人の表情というものは不思議なもので、変化していきます。その人がのめり込《こ》んでいること、あるいは虜《とりこ》になっていること、夢中になっていること等によって外見が変化してくるので、本当に気をつけなければいけないのです。

例えば、麻薬《まやく》の常習者は、やはり顔に出てきます。目がトロンとしてきたり、口の周りの雰囲気《ふんいき》など、何となく、「麻薬、覚醒剤《かくせいざい》をやっているのではないか」という感じが出てくるのです。暴力的な人にも、そういうオーラが出ていることはあります。

そして、本当に心の眼《め》が開け、霊眼《れいがん》が開けるところまで行ってしまうと、それぞれの人に憑《つ》いているものまで視《み》えてくるようになります。そうなると、もっと極端化《きょくたん》して人が見えるようになります。

例えば、外見上、いくら美人に見えても、首や腰《こし》の回りから、狐《きつね》の尻尾《しっぽ》のようなものがユサユサと揺《ゆ》れていたりすると、ちょっと、これはたまらないなと思います。

普通《ふつう》は、美人と一緒《いっしょ》に話をしたら楽しいでしょうし、そういうお店もたくさんあると思うのですが、ちょっと、たまらない感じは出てくるはずです。

取り憑いているものは、狐系の妖魔《ようま》かもしれませんし、その他の動物霊かもしれません。あとは蛇《へび》系のものも多いのです。こういうものが取り憑いていると、やはり、近くにいてあまり気持ちのよいものではありません。

それ以外に、家族のうちで亡《な》くなった人とか、友人や親戚《しんせき》で亡くなった人とか、職業上で縁《えん》があった方で亡くなった人とか、こうした人が取り憑いたりしていると、本人も体が少し重い感じがするはずです。そういう人と会うと、「うわっ、これはちょっと大変だな」と思います。

霊眼が開いていると、話をしているうちに、そういうものの姿がだんだん視えてくるわけですが、自分のほうに移動してくる場合もあるので、「これは、ちょっとたまらない」という感じにはなるのです。

映画「心霊喫茶《きっさ》『エクストラ』の秘密——The《ザ》 Real《リアル》 Exorcist《エクソシスト》——」であれば、最初の出だしのところで、主人公のサユリが霊感体質になってしまい、いろいろなものがかかってきて、「頭が痛い」「耳鳴りがする」「人に憑いている、いろいろなものが視えてしまう」ということで苦しんでいるシーンが出てきますが、霊的に眼が開ける前は、そうい

映画「心霊喫茶『エクストラ』の秘密—The Real Exorcist—」(製作総指揮・原作 大川隆法、2020年5月公開)

う状態がけっこう出てくる場合が多いのです。

## 腹を決めて修行《しゅぎょう》し、「悪《あ》しきものを追い払《はら》う力」を身につける

このように、この世が普通の世界ではなくなり、いろいろなものが取り憑いたりして、耳元でささやいたり、あるいは頭痛がするなど、いろいろなところが痛んだりするような状態が続くようであれば、何とかして、その魔境《まきょう》から抜《ぬ》け出さなければいけません。

宗教は、そうした〝磁場《じば》〟があるところなので影響《えいきょう》は受けやすいし、磁石のように近くの〝鉄〟を〝磁石〟に変えてしまう力もあるので、ある意味で、霊的なものを感知したり引き寄せたりする力がついてくることもあります。

そのため、程度の差はあれ、審神者《さにわ》ができるようになるというか、「こんなものが来ているのではないか」ということが分かることも多いだろうと思います。

そして、そういう体質になった場合は、ある程度、腹を決めて修行《しゅぎょう》しなければ駄目《だめ》です。やはり、修行して強くならなくてはいけないのです。

行きずりの霊にいっぱいやられたり、特定の場所の霊、地縛《じばく》霊等に襲《おそ》いかかられたりして、人生がずいぶん揺さぶられるようになってきたら、真っ当な生活をするのは大変になります。そうなったら、もう腹を決めて自分を磨《みが》き、「正邪《せいじゃ》を分かち、悪《あ》しきものを追い払《はら》う力」を持たなければならなくなるだろうと思います。

当会の信者を長くやっている人であれば、ある程度の霊感のようなものは、すでに働くのではないでしょうか。

もちろん、信者でいても、まだ人生観のなかに真っ当でないものがあり、霊的に感知するものについて、必ずしも天使が感じるようには感じておらず、違《ちが》ったように感じる人もいるかと思います。

信者のなかには水商売系の人もいますけれども、当会の勉強をしたら、それこそ、先ほどの税務署出身の人の話ではありませんが、今度は、玄関《げんかん》からドアを開けて入ってくるなり、客の財布《さいふ》のなかに幾《いく》ら入っているかを読めるような能力が高まったりするかもしれません。ピピーンと金額が視えて、「このくらいまではお金を使う人だ」ということが分かったりする方向に協力しているのかもしれません。

ただ、できれば、本人を高める方向で霊的な現象が起きたり、インスピレーションが降りたりするようになれば、ありがたいとは思います。

## この世的なものだけでは説明できない「不思議の世界」がある

また、いろいろなかたちでの霊感のつき方はあるし、生まれつき強いという人もいて、子供時代からいろいろなものが視《み》えるということもあります。

ただ、実際は、何歳《さい》かまでは霊が視えている人は多いと言われていますし、赤ちゃんは視えているとよく言われています。

この世的な原因は何もないのに、すごくご機嫌《きげん》で、天井《てんじょう》を見ながらニコニコ笑ったりしているような場合は、天使が来ていたりとか、突如《とつじょ》、夜泣きをし始めたり、怖《こわ》がったりしているときは、自分に対してネガティブなものがやって来ているのを感知していたりとか、わりに小さいときは感じ取っていると言われています。言葉が使えない分、ある意味で、霊的に感知する力、特に、敵味方等を感知する力は強いのかもしれません。

「小さいときに、幽霊《ゆうれい》とか精霊《せいれい》とかが視えた」という人はわりあい聞くのですが、学校に上がって勉強していくと、ほかの人に引っ張られてだいたい似てくるので、次第《しだい》に薄《うす》れていきます。生まれつきの霊感というものもあることはあるのですけれども、学校の勉強をしたりクラブ活動をしたりしているうちに、そういうものがだんだん消えていくことが多いのです。

あとは、家族のなかに、霊的なものを感じやすい人、あるいは、そういうものがとても好きで、神社仏閣巡《ぶっかくめぐ》りをしたり、霊能者巡りをしたりする人がいると、影響を受けることはあります。

やはり、「不思議の世界」があることはあるので、どうしてもこの世的なものだけでは説明できないところはあるのではないかと思います。

ですから、姓名《せいめい》判断を信じやすいタイプの人とか、星占《ほしうらな》いやカード占いなどを信じやすいタイプの人とか、こういう人たちも、何か一押《ひとお》し刺激《しげき》があると、こうした世界に入りやすいだろうとは思います。


各人の器《うつわ》や活躍《かつやく》の余地によって、インスピレーションの降り方は異なる

それから、インスピレーショナブルな体質というのも、個人差はありますが、

けっこうあるのではないかと思います。

対人関係で、相手の気持ちのようなものがパッと入ってくる感じのインスピレーションもあれば、そういうものを超《こ》えて、もう少し高いところから、人類に貢《こう》献《けん》するような感じのインスピレーションが降りてくるという人もいます。

いずれにしても、その人の器《うつわ》というか、世の中にどの程度まで活躍《かつやく》の余地があるかによって、インスピレーションの降り方も違うと思います。

そして、大きな仕事を持っている人の場合には、神を名乗る者などが降りてきて、教えを説き始めたりすることもあります。そういう教祖は、日本にもけっこう数がいるだろうと思います。宗教法人は十何万もあるそうですが、そのなかには、霊感を持っている人もけっこういるのではないでしょうか。

ただ、霊感がどこから出てきているかは分からない人のほうが、どちらかといえば多いし、本当に高級霊からの霊示《れいじ》が降りている場合でも、〝本名《ほんみょう》〟は名乗らないスタイルのものも多いのです。

それは、名前が分かると、特定されて、電話番号を教えたのと同じ状態になるからです。〝電話〟をかけてこられたら、取らなければいけなくなるし、取らなければうるさくて、電話がジャンジャン鳴っているような状態になるので、名前を教えないことが多いのです。

例えば、金光教《こんこうきょう》なら「金光大神《こんこうだいじん》」、天理教《てんりきょう》なら「天理王命《てんりおうのみこと》」、大本教《おおもときょう》なら「艮《うしとら》の金神《こんじん》」というように、本名ではないものを教えていることが多いのです。そのように隠《かく》す場合もあります。生長《せいちょう》の家《いえ》なら、「生長の家の大神《おおかみ》」と言っています。

なかには重なっているものもあり、別の宗教に出るときには〝違う名前〟を名乗ったりする方もいるのです。

それから、当会の霊言集《れいげんしゅう》が出る少し前ぐらいに、潮文社《ちょうぶんしゃ》というところから、古代のインディアンと称《しょう》する「シルバー・バーチ」という方の霊言集も出ていました。「ホワイト・イーグル」という名前のインディアンの方もいましたが、それについて、ある霊人《れいじん》は、「実際は、高級霊たちが、みな、そこを中継《ちゅうけい》して送っているのだ」というようなことを言っています。

このように、本当のことは教えないで、そういう仮名《かめい》で伝えてくるものなのです。

そのため、当会には本名で霊言を送ってくるということに対して、そうした霊言集を出している人たちから、「そういう偉《えら》い神様がたくさん出てくるのはおかしい」というように批判されたこともあります。

ただ、使命にもよるかとは思っていますが、これほどたくさんの本を出していても、それぞれの内容はずいぶん違います。これらをすべて同じ名前で出すのは無理かなという気はします。

これは、「それぞれの特徴《とくちょう》が出ている内容で霊言をすることによって、霊界《れいかい》の証明をする」という、一つの実験なのです。そういう壮大《そうだい》な実験をやっているわけですが、ここまで大胆《だいたん》に正々堂々《せいせいどうどう》とやっているのは、かなり珍《めずら》しいのではないかと思います。

もちろん、「この霊は何者であるか」ということを特定するのは、町の霊能者や、拝《おが》み屋、エスパー（超能力者《ちょうのうりょくしゃ》）等、個人でやっているような人でも分かることはありますけれども、それは、あくまでも相談者の範囲《はんい》ぐらいです。そのくらいで分かることも、おそらくあると思いますが、もう一段高い高級霊の視野からそれが分かるということは少ないのではないかと思います。

## 間違《まちが》った宗教で霊的《れいてき》なものが視えるようになる場合もある

「心眼《しんがん》を開く」ということについていて、本人は心眼だと思っていても、間違《まちが》った宗教などに行き、そこで悪い霊体《れいたい》をもらって帰ったことで、霊的なものが視えたり感じられたりするようになる場合もあるので、これはやや難しいところです。

例えば、オウム真理教のようなところでも、霊現象自体は起きてはいたのです。坐禅《ざぜん》をしていて、ピョンピョンとカエル跳《と》びのようなもので二、三十センチ跳んだりすることを「空中浮揚《ふよう》」と呼んだりしていましたけれども、それでも珍しいので、そういう経験をしたことのない人は、それで信じてしまうようなこともありました。

また、真光《まひかり》系などでは、「みな、『御《お》み霊《たま》』というペンダントのようなものをもらったら、『手かざし』で光を入れられる」ということで、「お互《たが》いに手かざしをして光を入れ合い、浄霊《じょうれい》をする」というようなこともしています。

ただ、「お互いに憑いている者同士が手かざしをして、光を入れて浄霊し合う」というのは、理論的には、若干《じゃっかん》、納得《なっとく》がいかないものがあります。高級霊の光を引けるような人が、悪霊《あくれい》の憑いている人に手かざしで光を入れるということはありえると思うのですが、お互いにたくさんの悪霊に憑かれていながら、それを順番に剝《は》がし合うというのはどうなのかなという感じはあります。

ほかにも、そういう霊的な宗教はたくさんあるでしょう。それが運よく高級霊とつながっているものならばよいのですが、悪いほうとつながっている場合は厳しいだろうと思います。

高級霊といっても、次元にそうとうな差はありますし、幸福の科学の教えで言えば、「六次元」といわれる世界あたりでも、神を名乗っているような方が大勢いることはいます。それが、その人の人生にとって真っ当であるような方であれば、ありがたいとは思います。

いちおう、何らかの神通力《じんつうりき》のようなものを発揮し始めるのは、六次元の上段階ぐらいです。そのあたりであれば発揮し始めることもできるし、実際に金粉《きんぷん》等を降らすこともできることはできます。

それから、動物霊かと思ったら、動物霊を束ねているような神格《しんかく》を持ったものもいて、「稲荷大明神《いなりだいみょうじん》」などといわれているもののなかにも、地獄霊《じごくれい》ではないものがいることはいます。

そうした動物信仰《しんこう》のなかにも、ちゃんとした神様の格を持ったものもいることはいますけれども、六次元の壁《かべ》を超えることはめったにないと思います。

## 3 「裏側」の霊界《れいかい》の諸相を明かす

### 真っ当な菩薩《ぼさつ》等の世界とは違《ちが》った「裏側」の世界がある

もう一つは、幸福の科学では「表」と「裏」という言い方もしていますけれども、真っ当な菩薩《ぼさつ》・天使の世界、あるいはその上の如来《にょらい》の世界とは違《ちが》った「裏側」といわれる世界もあって、日本霊界《れいかい》では意外にけっこう多いのです。このあたりが宗教にかかわっていることはそうとうあります。

仏教が入ってくる以前の日本の宗教には、自然崇拝《すうはい》的なもの、アニミズムもありました。要するに、「いろいろなものに霊が宿っていて、それを神様として崇《あが》めたりするもの」もあったし、あるいは、「山岳修行《さんがくしゅぎょう》をしていたりするようなもの」もあったと思うので、通常の天使や菩薩とは若干《じゃっかん》違うタイプのものもいます。それは、霊能力のなかで何か特別なものに非常に執着《しゅうちゃく》を持っているようなものです。ですから、その特徴《とくちょう》が出ていると思います。

そういうわけで、全部が地獄界《じごくかい》のものとは言えないものもあるのです。天上界《てんじょうかい》に上がっていて、超能力《ちょうのうりょく》を発揮するものもいます。「悪なる行為《こうい》よりは善なる行為のほうが、まだやや多かったかな」というタイプの人は、天上界の裏側の世界にいて、そこから奇跡《きせき》を起こしたりすることも数多くあることはあります。

## 戦って相手を吹《ふ》っ飛ばすぐらい念力《ねんりき》が強い「鬼《おに》」

例えば、「鬼《おに》」というものは、地獄の鬼が中心ですし、英語だと鬼は「デーモン」と訳されるので、地獄の鬼には悪魔《あくま》などが多いとは思うのですけれども、日本霊界で「鬼」といわれているもののなかには、仏教の守護神のような仕事をしているものもいるのです。実際に戦闘力《せんとうりょく》があって、角《つの》も牙《きば》も生《は》えています。金棒《かなぼう》を持っているかどうかは別として、魔物から聖なる空間を護《まも》ったり、修行者を護ったりするような仕事をしているものもいるのです。

そのように、念力《ねんりき》が非常に強くて、悪いものと戦って吹《ふ》っ飛ばすようなものも一部にいることはいますけれども、ややそちらのほうに傾《かたむ》きすぎていて、通常の「心の教え」のほうがそれほど十分に入っていないようには見えます。

## 霊力《れいりょく》が強く、金銀財宝や天変地異等にも関係する「龍神《りゅうじん》」

あるいは、「龍神《りゅうじん》」というものも霊力《れいりょく》が非常に強くて、たくさん戦うことができますけれども、龍神にもいろいろな種類があります。

例えば、悪いものと戦うタイプの龍神もいれば、多少、金銀財宝に関係する龍神もいるのです。そういうものがついていれば、いろいろなお金儲《かねもう》け等にも成功しますし、その財産を護るために、狙《ねら》ってくる者たちを撃退《げきたい》するようなこともあります。そうした龍神もいます。また、天変地異等を起こしたりする龍神も多く、雷《かみなり》や雨、風など、そういうものに関係するものもいます。

通常の天使や菩薩等は、普通《ふつう》の人間が修行をして心を磨《みが》き、上に上がっていますし、実際、人を憎《にく》まず、人に愛を与《あた》えて善良に生きているわけです。それが、普通の人間であれば、十分に尊敬されて扱《あつか》われるのですけれども、悪意を持って近づいてくるものもいます。そういうものに対しては、もう一段、こういう霊力の強いものが護らなければいけないこともあるので、霊界にはある種の龍神として存在しているものもいます。

もちろん、「悪龍《あくりゅう》」といわれるものもいます。それは地獄界の手下にもなるタイプのものですけれども、悪龍ではないものもいることはいるのです。

あるいは、霊能者のなかには、神社仏閣《ぶっかく》等で龍神を霊視《れいし》するというような人もいることはいます。私も霊視したことはあり、例えば、行事があって奈良《なら》のホテルに泊《と》まったときにもありました。五重塔《ごじゅうのとう》が建っている所の前に、猿沢池《さるさわいけ》という大きな池があったと思うのですが、朝起きてホテルの窓から外を見ると、池から二匹《ひき》の龍がグワーッと立ち昇《のぼ》って揺《ゆ》れていたのです。

「何をしているのだろう？」と思って、訊《き》いてみたら、「五重塔がある神社仏閣の守護神として存在している」ということでした。「なるほど。観光地にもなっているけれども、こういう所を護っているものがいるのだな」と思ったのですが、そういう所で龍を霊視したことはあります。

そのときに視《み》たのは、金龍《こんりゅう》、金色の龍と、やや黒龍《こくりゅう》っぽいものだったような気がします。「二匹で霊域《れいいき》を護っているのだ」というようなことを言っていました。

おそらく、そういう仕事があるのだろうと思うのです。お寺の山門《さんもん》などであれば仁王像《におうぞう》のようなものもありますが、仕事的にはああいったものでしょう。霊体《れいたい》としては、そういうタイプの方もいることはいます。

## 山岳《さんがく》の多い日本ではメジャーな「天狗《てんぐ》」

これ以外では、「天狗《てんぐ》」というものが日本ではけっこうメジャーなのですが、これは山岳《さんがく》が多いことも関係しているのではないかと思います。日本の場合、七割が山であり、山岳修行というものが宗教修行のなかではけっこうポピュラーなものであったので、天狗もけっこう数は多いのです。

要するに、山で修行をしているうちに霊力がついてくるわけです。山歩きをする回峰行《かいほうぎょう》などをしていてもそうですが、千日も、夜中に歩いたり、山のなかを歩いたりしていると、いろいろな声が聞こえるようになったり、感じたりするようになることがあります。

真っ暗ななか、山道《やまみち》を飛ぶように走っている状態で、赤外線カメラでも付いているかのように、飛ぶように走るので、おそらく時速六キロか六・五キロぐらいの速度になるでしょうか。そのくらいの速度で山歩きなどをしているうちに、いろいろな自然霊や宗教霊のようなものと感応しやすくなってくるのです。

それから、回峰行が終わったあとに、「穀物断《こくもつだ》ち」や「水断ち」等をする修行もありますけれども、そういう段階で、いろいろなものが視えたり聞こえたりするようになるという経験をする人は多いと聞いています。

いずれにしても、山岳修行では、巷《ちまた》の人間界の波動《はどう》を受けにくく、いろいろな霊が感応してきやすいところがあると思います。ただ、どのような霊が来ているのかを見分けるというのも、なかなか大変なことではあります。

若干〝スーパーマン信仰《しんこう》〟のようなものがあることはあって、そういうものに惹《ひ》かれる人も多いので、天狗のなかにもそういう傾向《けいこう》はあるでしょう。

## 天狗の特徴《とくちょう》やルーツとは何であるのか

昔の絵本などには、天狗の特徴《とくちょう》が幾《いく》つか描《か》いてありますが、子供向けの絵本なのに、実に正確で、「どうしてここまで正確に分かるのだろうか」と思うぐらいです。

私が読んだのは、ずっとずっと小さいころですけれども、その絵本に描いてある天狗の特徴は、今、この仕事をしていて接するものとほとんど同じというか、まったく同じなのです。そのような物語をつくった昔の人のなかにも、そういうものを霊視して話ができるような人がおそらくいたのだろうとは思います。

天狗の特徴としては、いちおう羽は生えています。日本で羽の生えているものは天狗ぐらいしかいないと言われることのほうが多いことは多いのです。

ちなみに、キリスト教系の羽が生えた天使というのは、それほど数がいないのです。大きな教会等にはいることもあるのですが、あまりいません。天狗には羽が生えているので、これが日本の天使なのかなと思う場合もあるのですけれども、いちおう猛禽類《もうきんるい》ではあるのです。

天狗のルーツとしては、インドのガルーダだろうと言われています。ガルーダ航空という会社があるので、ちょっと紛《まぎ》らわしいのですが、ガルーダは空を飛び、空から急降下して毒蛇《どくへび》などを捕《と》らえて食べたりする大きな鳥なのです。仏教では「迦楼羅《かるら》」とか「緊那羅《きんなら》」とか、そのようなものがあります。仏教の守護神としていることはいます。

お坊《ぼう》さんがたが、灌木《かんぼく》のなかや森のなかで修行をしていると、いろいろな動物に襲《おそ》われたりすることがあります。特に要注意なのが毒蛇です。毒蛇がいて、これに襲われることがあるのです。

ガルーダは、この毒蛇を食べてくれます。目がとてもよいので、上空から急降下して毒蛇を捕らえると、空中に上がってそれをポタンと下に落とし、蛇を即死《そくし》させて食べる癖《くせ》があるのです。

ガルーダではないのですが、私はこのようなものを日本で一回見たことがあります。永平寺《えいへいじ》に行くとき、タクシーに乗って農道を走っていたのですが、右手の田んぼのちょっとした草むらから蛇が出てきて、道路を横切って反対側の田んぼに行こうとしているのが、一瞬《いっしゅん》、見えました。

すると、鷹《たか》か鷲《わし》かはちょっと分かりませんでしたが、上から急降下してきたものがあって、蛇が向かいの草むらに逃《に》げ込《こ》もうとする瞬間に、バッと両脚《りょうあし》でつかんでパーッと一気に空中へ舞《ま》い上がったので、「うわあ、これだ。こういうのがガルーダなんだなあ」と思ったのです。

インドのものは鷹ではないと思うのですが、そういうものがいて、これが天狗の原型だとは言われています。

そのようなわけで、仏教の守護神にされている場合もありますが、いろいろと悪さもしますし、ややいたずら好きなところもあるので、「表側」とはいわれていないところがあります。

なお、天狗は「自己実現」や「急速な成功」といったものが大好きではあるので、そういう傾向を持った人に力を与えたりしてくれることはあります。

外見は、くちばしも生えていて、それから手足にも鶏《にわとり》の爪《つめ》のようなものが生えている感じになっています。

現在では、「古代や中世に外国人が流れ着いたときに、西洋人は鼻が高いので、天狗に見えたのではないか。『赤ら顔で鼻が高い』というのは白人だろう」というようなことを言われる場合もあるのですが、現実に実在界にはいます。

今、「鼻が高い」と言いましたけれども、それが天狗の特徴の一つなのです。自慢《じまん》というところがとても強いので、鼻が高くなって、どこまでも伸《の》びていく傾向があります。

あとは、「遠眼鏡《とおめがね》を持っている」と言われています。今で言えば、双眼鏡《そうがんきょう》ではない〝一本眼鏡〟のことですが、その眼鏡で遠くまで見ることができるとされ、いわゆる「千里眼《せんりがん》」です。ある程度、遠くまでものが見えると言われています。

それから、天狗はお酒が大好きなことが多く、「酒好き」なのです。

また、「女好き」とも言われています。天狗の色欲《しきよく》というのはけっこう強いもので、おそらく、発展志向で、成長したり、偉《えら》くなりたいという気持ちと似たようなものなのだろうとは思いますが、「女性に対する欲がすごく強い」と言われています。

一般《いっぱん》には男性の天狗が多いのですが、女性でもいちおう天狗に当たる人はいて、似たような傾向は持っています。

時代的に言うと、時代の変わり目で、戦乱のときなどにはよく人間として生まれてきて、武将をしたり、〝面白《おもしろ》い戦い〟をしたりするかたちで出てくることが多いのです。

## 平清盛《たいらのきよもり》や源義経《みなもとのよしつね》など、歴史的に天狗はたくさんいる

そのように、天狗は高い鼻を持っていて、山登りをするのですが、特徴の一つとして、「歯が一枚しかない下駄《げた》を履《は》いて登っている」とよく言われています。

この下駄だと、坂道の上《のぼ》りは上がれるのですが、下《くだ》りが下《お》りられないのです。下《くだ》るときには転げ落ちてしまって、歩けません。上へ上がっているときには気分よく上がれるのですが、下りのときには非常に不利な下駄なのです。上りのときには、一枚歯の下駄でもつっかけて上がっていけても、下りになったら今度は止めが利《き》かなくて引っ繰《く》り返ることがあるわけです。

これが「天狗の高転《たかころ》び」といわれる現象ですが、ほとんどの天狗には、それは

現象として出てくることがあります。

天狗にも器《うつわ》があるので、その人の器までの成功は可能ではあるのですが、その器を超《こ》えたところまで行くと高転びをする癖があって、急速に失速する、転げ落ちるというようなことがあるのです。

「大天狗」になると、出世もけっこうすることがあります。日本の歴史で言うと、天皇の地位を狙った僧《そう》の道鏡《どうきょう》など、ああいう人も天狗だったと言われていますが、あのような感じでしょうか。権勢を誇《ほこ》ったりもするわけです。

おそらく、平清盛《たいらのきよもり》のような人も天狗であろうとは思います。一時期、全盛を極《きわ》めるけれども、あっという間に平家《へいけ》の時代は終わっていきました。

平家の時代は二十年もあったかどうかというところですが、あの高転びの仕方は尋常《じんじょう》ではありません。日本国中を平家一門で治めて、「平家に非《あら》ずんば人に非《あら》ず」と言っていたのが、高転びをして、あっという間に平家は滅《ほろ》ぼされてしまい、源氏《げんじ》の世になってしまいます。

これもおそらく天狗だろうと思いますが、レベルとしてはけっこう高いほうでしょう。

ただ、その平家を討《う》ち滅ぼした源氏のほうでも、源義経《みなもとのよしつね》などは、やはり天狗だろうと言われています。身軽で「八艘飛《はっそうと》び」などもしますし、兵法を見ても意表を突《つ》くようなことをしますが、千里眼的なものがおそらくあったのではないかと思います。

義経は、嵐《あらし》の日に和歌山《わかやま》のほうから徳島に渡《わた》って陸伝いに行き、香川《かがわ》の屋島《やしま》を護っている平家を後ろから襲いました。本来、瀬戸内海《せとないかい》から来ると思っていたところを、徳島の豪族《ごうぞく》を引き連れて後ろから襲い、追い散らしてしまったのです。その平家の重大拠点《きょてん》を脱《だっ》してしまって、だんだん船で逃げていく平家を、義経は、下関《しものせき》の壇《だん》ノ浦《うら》のほうに追い込んでいく戦いをしています。

また、内陸部のほうでは、兵庫のあたりかと思いますけれども、鵯越《ひよどりごえ》という所もあります。普通は馬で下りられないような崖《がけ》なのですが、義経は三十騎《き》かそこらの騎馬を連れて、真夜中に「鵯越の逆落《さかお》とし」というものをしたわけです。

平家は、「まさか、後ろの崖から攻《せ》めてはこられまい」と思っていたため、それを背にして野営《やえい》をしていたのですが、いきなり夜中にウワーッと鬨《とき》の声が上がって、後ろから攻められました。三十騎ぐらいでも、火をかけて走られたら、「一万の大軍でも来たか！」と、みな、算《さん》を乱して逃げ出してしまい、平家はこれも大敗しています。

これなどは、天狗の真骨頂《しんこっちょう》が出たところではないかと思います。まるで空を飛ぶような姿です。

しかし、その義経もまた、兄に滅ぼされています。京都の天皇から兄より先に位《くらい》を授《さず》かって偉くなったりしたことも原因で、嫉妬《しっと》されたところもあるのでしょうが、脇《わき》が甘《あま》かったのでしょう。義経は奥州《おうしゅう》まで逃げ延びましたが、最後は滅ぼされることになったのです。

歴史的には、そういった天狗はたくさんいます。出世することもありますが、最後は、やや残念な最期《さいご》になることが多いようです。

## 現代では光明《こうみょう》思想系の宗教が天狗の傾向《けいこう》を持っている

天狗の人は、とにかく鼻が高く、物事が歪《ゆが》んで見えていることが多いのです。たいていは「自己愛」が中心になっています。自己愛が強く、出世を願う心がどうしても止まりませんので、それが結局は高転びをする原因にもなっています。

それを抑《おさ》えるのはとても難しいことです。この鼻を削《けず》るというのは、それほど簡単なことではありませんので、難しいことだとは思います。

光明《こうみょう》思想家では、現代では「生長《せいちょう》の家《いえ》」系が天狗系だと思いますが、この光明思想系の人は、自分たちが成功に次ぐ成功をしているように思い込みたがる傾向《けいこう》があるのです。

本当は、いろいろな面で見たら、失敗をしているところはあると思います。人生に失敗は数多くあると思うのですが、それを謙虚《けんきょ》に見て反省するということをしないで、なるべく見ないことにしているわけです。成功したところだけを見て、「自分は負けたことはない。失敗したことはない」という感じで、先へ先へ、上へ上へと上がっていこうとする傾向があるのです。

これは気をつけなければいけないことだと思います。

## 松下幸之助《まつしたこうのすけ》氏に見る「成功しても天狗にならない考え方」

松下幸之助《まつしたこうのすけ》氏のような方は、経済的に成功はしていますが、やはり天狗ではありません。天狗ではない理由は何でしょうか。本人は次のようなことを言っています。

「失敗はとてもつらい。『失敗から学ぶこともある』と言うけれども、失敗が続いたら、さすがにやる気が萎《な》えてきついから、人間は、失敗するよりは成功したほうがいいものだろう。ただ、成功の連続というのも、また怖《こわ》いものだ。だから、本当のことを言うと、三つに一つぐらいは失敗したほうがいいんだ。二つ成功したら、一つ失敗するぐらいのバランスで上がっていく感じが、慎重《しんちょう》でいいんだ。小さな失敗をしていたら、大きな失敗をせずに済むことがあるからね」

そして、「謙虚であること」「素直《すなお》であること」の大切さを説いています。

天狗系の人から見れば、幸之助氏も「にわか成金《なりきん》」にしか見えないとは思うのですが、その思想のなかに、そうした「素直に自分自身を見つめる心」「反省する心」を持っているのです。

ですから、そういうところをもう少し学んでほしいという気がします。それが身のためですし、ついてくる大勢の人のためには大事なことであろうと思います。

## 他人《ひと》を責める心を改め、丸く豊かな心を持つ

若いころに優秀《ゆうしゅう》であると、他人《ひと》のことが悪く見え、失敗や欠点ばかりが見えることもあるかと思いますが、他人を責めてばかりいたのでは駄目《だめ》で、リンカンのように改心しなければいけないのです。

「他人の欠点が見えるのは、自分が優秀だからだ。優秀になったからだ」と思うかもしれませんが、それを改心する必要があります。リンカンは、他人を責めなくなり、悪意を持って他人を見ないようにしたのです。

南北戦争で南軍と戦ったときにも、自分の将軍が敵を取り逃がしたりするなど、たくさん失敗して腹が立つようなことが多かったのです。将軍に攻撃《こうげき》するよう電報を送ったりしていたのですが、もう少しで相手は袋《ふくろ》のねずみだったのに、逃が

してしまったこともありました。それで、悔《くや》しいと思う気持ちがあったのですが、「しかし、戦場で実際に殺し合いの現場にいたら、なかなか判断ができないこともあるかもしれない」というように考え、解任しようと思ったのを我慢したと、伝記のなかにもあります。リンカンが亡《な》くなったあと、机の引き出しを開けてみたら、その将軍に対するさんざんな罵倒《ばとう》を書いた手紙が出てきました。これは、出そうとしていたのを出さなかったということです。

リンカンは敵軍である南軍のリー将軍のことも、ずいぶんほめていました。なお、リー将軍は戦争が終わったあと、普通であれば、死刑《しけい》か何かになってもおかしくないような、北軍をさんざん苦しめた方ですが、そういう人でも大学の学長で用いられたりして、重用されています。

そのように、人はもう一段成長することができるので、もし、半端《はんぱ》なものの見方をしているのであれば、多少違った考え方も入れ、自分自身ももう少し丸く豊かな心を持った者になっていくことが大事だと思います。

## 技巧《ぎこう》派で自己愛が強く、成功に慢心《まんしん》する傾向《けいこう》がある「仙人《せんにん》」

日本では、もう一つ、「天狗」と双璧《そうへき》のものとして「仙人《せんにん》」というものがいます。仙人も、いろいろな修行をして特殊《とくしゅ》な能力を身につけた人などが多いのです。

どちらかといえば、天狗のほうは力業《ちからわざ》、あるいは勢いなどが大好きなのですが、仙人のほうは「技巧《ぎこう》派」というか、「技術派」の人が多いのです。今は、理系の技術系などで頑張《がんば》っている人にもけっこういるのではないかと思います。昔であれば、野草のなかから薬になるようなものを煎《せん》じてつくったりしていたこともありますし、いろいろと神秘的な力を発揮したりしたこともあろうかと思います。

そのように、仙人というのは、やや技巧派で、そういうことができる人たちです。

ただ、天狗・仙人に共通して言えることは、「自己愛が強い」ということです。両方とも、利己心が強く、自分の成功にうぬぼれて慢心《まんしん》してしまい、他人《たにん》をあまり評価しない傾向《けいこう》が出ているので、できれば、このあたりを直してほしいという気持ちはあります。

## 特殊《とくしゅ》な能力で人を驚《おどろ》かす、いたずら好きな「妖怪《ようかい》」

また、仙人と言えば仙人なのですが、仙人のなかでも、人間との共存がややしにくいタイプのものなどがいる「妖怪世界《ようかいせかい》」というものがあります。

妖怪にも種類がたくさんありますが、霊界は思いの世界なので、人間が考えつくかぎりの自由自在な変身が可能なのです。その心の姿が霊体の姿になって表れるので、いろいろな妖怪が現実に存在しており、日本では特に数が多いのです。

イギリスなどで言うゴブリンのようなものも、妖怪と言えば妖怪です。「妖精」

という言い方もあるかもしれませんが、外見が醜《みにく》い場合は「妖精」とはなかなか言われないでしょうし、天狗と言えば天狗でしょうが、天狗にしてはやや小型のような気もします。形は多少違うかもしれませんが、そういったものも、いろいろなところで存在しています。

こういう妖怪というものがいますが、いたずらが好きで、怪現象などを起こしていたずらをすることが多いのです。自分がそうしたちょっと特殊《とくしゅ》な能力、神秘的な能力を持っていることを衒《てら》う気持ちがあるので、よく、それで人を驚《おどろ》かすようなことはすると思います。

仙人は、発明家等にもとても多く、発明をしたり、機械等いろいろなものをつくったりする人も多いので、役に立つこともありますけれども、やはり、うぬぼれの気《け》が強くあります。

先ほど述べた天狗が生長の家型、谷口雅春《たにぐちまさはる》型の教えを中心に説くと見るならば、この仙人型というのは、ＧＬＡという教団をつくった高橋信次《たかはししんじ》型の宗教がそうです。

彼は、自身が技術者で、新幹線のブレーキをかけるために欠くことができない部品をつくったりするような中小企業《きぎょう》を設立し、お金儲けもしていたようですが、そういう傾向があります。

ただ、教えとしては説くことができても、現実には、「愛」や「慈悲《じひ》」の心が少し足りないところがあって、やはり霊能力等で人を驚かせたり、煙《けむ》に巻いたりするほうが好きなことは好きなのです。そちらのほうが、とても好きな傾向があります。

そのように、霊好きのなかにも仙人は多いのです。いちおう修行者の姿を取っている者には仙人が多く、修行者であるというよりは、人を脅《おど》かす特別な姿を見せて人を驚かせたりするのは、妖怪のほうの分類に入るかと思います。

## 色仕掛《いろじか》けで僧侶《そうりょ》や権力者等を迷わせる「妖魔《ようま》」

また、妖怪でもあるのですが、一部をくり出してくるものとして「妖魔《ようま》」というものもあります。

妖魔にも種類がありますが、歴史的には、色仕掛《いろじか》けで僧侶《そうりょ》などを迷わせたりするのを得意とする妖魔が多いのです。これは、いろいろな物語に書いてあるとおり、狐《きつね》系の妖魔です。英語でも「foxy《フォクシー》」というのは「色気がある」ということです。

そして、最高の妖魔としての狐が「九尾《きゅうび》の狐」で、尾《お》が九本あるといわれています。

例えば、唐《とう》の時代、玄宗皇帝《げんそうこうてい》の後半生《こうはんせい》を狂《くる》わせ、唐の没落《ぼつらく》、いったんの滅びを招いた楊貴妃《ようきひ》などは、この妖魔に当たると言われています。

また、日本にも、この楊貴妃に憑《つ》いていたような九尾の狐が渡ってきたという「玉藻前《たまものまえ》の伝説」も遺《のこ》っています。

そのように、高貴な女性に取り憑いて乱を起こしたりしていますが、「薬子《くすこ》の乱」の藤原《ふじわらの》薬子に入ったのではないかとも言われているのです。

女性の場合は、「傾国《けいこく》の美女」と呼ばれるのがわりに好きなことが多く、男性が仕事をほっぽり出して、その女性に夢中になってしまう傾向があって、本業を忘れ、〝仕事〟をやりすぎると、その女性は妖魔になってしまうところはあります。

本章の説法《せっぽう》をしたときは、幸福の科学の映画「美しき誘惑《ゆうわく》――現代の『画皮《がひ》』――」（製作総指揮・原作　大川隆法、二〇二一年公開予定）を撮《と》っているところでしたが、仏弟子《ぶつでし》たちには、私の子供たちも含《ふく》めて、顔がきれいかどうかとかいうようなことで外見に惹《ひ》かれ、あとのことはすべてほっぽり出して、仕事が曲がってしまったような人や、外《はず》れてしまったような人もいることはいます。そのため、こういう映画を製作しようと思ったわけです。

また、顔だけに惹かれるというのは、中国の「画皮　あやかしの恋《こい》」（Painted《ペインティッド》 Skin《スキン》）にもあって、「女性の美など、皮一枚だ」という思想です。

蒲松齢《ほしょうれい》という人が、『聊斎志異《りょうさいしい》』という、日本で言えば『日本霊異記《りょういき》』のようなものに当たるものを書いているのですが、これは、そのなかの数ページぐらいのエピソードの一つです。

その映画では、とても美しい女性がいて、取り入っていくわけですが、あるとき、その人がお化粧《けしょう》直しをしている姿を見ていると、後頭部の髪《かみ》の毛を手でパッと二つに分け、そのまま皮を剝《は》いでいったのです。すると、針金のような、虫のようなものが動いていたのです。こんなエイリアンにしか見えないようなものが美しい皮を被《かぶ》って美女に化《ば》け、将軍の妻の座を狙ってやって来るというのが描《えが》かれていました。

ああいうものも多少勉強しておいたほうがよいのではないかと思い、今、そういう映画を製作しているところではあるのです。

ただ、映画の製作がなかなか上映に間に合わない〝事件〟も起きうるので、話だけしておきます。

要するに、「皮一枚で迷わされる」ということです。

## 「安珍《あんちん》・清姫《きよひめ》」の仏教説話から学ぶ異性に対する心構え

これは、日本で言えば、例えば、「安珍《あんちん》・清姫《きよひめ》」のような話でもあります。

修行中のお坊さんが、熊野詣《くまのもう》での道中、休んでいたときに、かわいい女性に恋をされ、「帰りにも必ず寄ってくださいね」と言われます。目的地までは二、三日で行けるのですが、帰ってくる道で、「やはり女に惹かれたりするのはよくない」と思い、その女性には会いに行かず、避《さ》けて内緒《ないしょ》で編み笠《がさ》を被って川を渡っていくのです。

女性のほうはそれに気づき、追いかけてくるわけです。そのうちに、だんだん巨大《きょだい》な蛇の姿になって、川面《かわも》を追いかけてくるので、最後、道成寺《どうじょうじ》まで逃げてくるのですが、シェルターもなく、隠《かく》れる所がないわけです。ただ、大きな釣り鐘《つりがね》があったので、それを降ろしてもらい、そのなかに隠れて大蛇から身を護ろうとします。

ところが、清姫に当たる大蛇は、その釣り鐘をグルグル巻きにして火を吹き、その高熱で釣り鐘を焼いたので、そのなかにいた安珍も焼け死んでしまったという話です。

恐《おそ》ろしい話ですが、仏教説話としては、よくできたというか、象徴的な話です。この見目麗《みめうるわ》しく見える女性が道の妨《さまた》げになるということは、よくあるのです。

悟《さと》りを開く前はよいと思っていても、実際に修行を積んでみると、そういう

「欲界《よくかい》」から離《はな》れ、「色界《しきかい》」、「無《む》色界」と、上の世界に入っていかなければいけないわけです。

ところが、修行者にとって、女性というのは欲界に引きずり戻《もど》す力があって、「結婚《けっこん》の約束をしたじゃないか」という感じで追いかけてきます。そうすると、まるで蛇が追いかけてきて巻き上げるような感じに見えてきたでしょう。炎《ほのお》が二つに割れたりしたのは、蛇の赤い舌の象徴かもしれません。そのように、焦《こ》がれられて、その熱で焼かれてしまうようなこともあります。

こうしたことは、仏教修行をする者には特有のものなのです。

親鸞《しんらん》以降は結婚する僧侶も増え、標準化してきたので、すべてを否定はできませんが、異性を選ぶときに、自分の道の向上になるような相手をきちんと選ばないと、道を成就《じょうじゅ》することができずに死んでしまうような、虚《むな》しい死に方をすることになりかねません。そういった特徴があるでしょう。

## 4　心を清らかにして、真実の姿を見極《みきわ》める

正しい信仰《しんこう》、「正信《しょうしん》」とは、エル・カンターレの説く教えに帰一《きいつ》すること

いろいろな話をしましたけれども、霊界《れいかい》は多様ですので、霊感がついて霊的なものが視《み》えたり感じたりするようになることもあるでしょう。しかし、あくまでも、心を清らかにし、透明《とうめい》にして、真実の姿を見極《みきわ》めようとする気持ちが大事です。

また、自分自身の性格の歪《ゆが》んだところ、あるいは、人に厳しすぎるところ等があれば、そういうものを直していく必要があります。

そして、最終的にいちばん大事なことは、正しい信仰《しんこう》、「正信《しょうしん》」だということと

を忘れてはいけないのです。

「八正道《はっしょうどう》」は「正見《しょうけん》」「正思《しょうし》」「正語《しょうご》」……と続きますけれども、「正見」、正しい見方とはいっても、その最初の段階では「信仰が正しいかどうか」という問題なのです。

例えば、ほかの教団等に属していたような修行者《しゅぎょうしゃ》や、信仰を持っていないような人などが、仏陀《ぶっだ》教団に入りたいというときには、まず正しい信仰を持つことが大事で、間違《まちが》った宗教等に入っていたような人には、そこで学んだことや身につけたことなどを捨ててもらわなければいけませんでした。

それは、今で言えば、唯物論《ゆいぶつろん》や無神論、それから、科学技術万能論《ばんのうろん》、あるいは医学万能論のようなものです。こういうものを持っているような人に、その勉強したものを捨てさせるのはとても難しいことですけれども、この世に毒された、曲がった見方を持っている人も多いので、こうしたものを捨て、やはり「正しい信仰」を持つということです。もっとはっきり言えば、「幸福の科学の教え」であり、もっと簡単に言えば、「エル・カンターレ信仰」につながるものということです。ここが中心です。

エル・カンターレから出た教えは、キリスト教や仏教、あるいは、ほかの教えも幾《いく》つかありますが、地上の人間が混乱させたものもだいぶあるので、今、エル・カンターレが説いている教えに帰一《きいつ》してもらうことです。

ここで「正しい信仰を持てるかどうか」ということが、教団に入門するための条件でもあります。当会のなかにいて、ほかの教団で教わったことをたくさん広げられても困るわけです。

私は、幸福の科学を始める前に、生長《せいちょう》の家《いえ》やGLAなどの影響《えいきょう》も受けてはいますが、天狗《てんぐ》型や仙人《せんにん》型とは一線を画《かく》しています。「心の教え」、「真実の仏陀の教え」、「救済仏の教え」に統一していっているので、そういう見解を持ち、それでもって物事を判断してください。

「正しい信仰」を持たなければ「正見」はできません。「正しい信仰」を持つことによって、その後、いろいろな人と会ったり、さまざまな出来事に会ったりするときのものの見方のなかで、「正しい観察」ができるということです。

幸福の科学に来たとしても、「正信」のところが狂《くる》っている場合、例えば、「うちの後ろに稲荷《いなり》神社があるので、家では昔から稲荷信仰をやっていて、これで商売繁盛《はんじょう》してきたから、稲荷信仰は捨てられません」という感じで、稲荷信仰を持ち込《こ》みながらやっていたりすると、やはり、考え方がちょっとずれてくることがあります。

そのように間違った信仰もいろいろ入ってきて、なかには独学で入れているものもあると思いますけれども、「正しい信仰」に基《もと》づいて物事を見て、「正見」をするということです。

## 間違《まちが》った言動を改め、真理についていくという「謙虚《けんきょ》な心」が大事

そして、「正思」によって、「貪《とん》・瞋《じん》・癡《ち》・慢《まん》・疑《ぎ》・悪見《あくけん》」の六大煩悩《ぼんのう》を点検し、それを外していきます。

さらに、「正語」です。先ほど述べたリンカンの例ではありませんが、他人《ひと》に対して厳しすぎたり批判的だったりするのに、自分に対して甘《あま》すぎるものの見方を持っているようなら、これをきちんと中道《ちゅうどう》に戻《もど》し、他人に対して厳しすぎる言葉を直し、他人《たにん》のせい、環境《かんきょう》のせいにする心があったら、これを直すことが大事です。

心には曇《くも》りがつきやすい、あるいは、ゴミや埃《ほこり》がつきやすいので、これを払《はら》い除かんとする、「塵《ちり》を払い、垢《あか》を除かん」というのが、仏陀の教えの最初なのです。

そういうものは生きている間にたくさん溜《た》まってくるので、それを「一切《いっさい》つく

るな」とは言えませんが、窓が曇ったら外がよく見えなくなるように、やはり、窓の曇りはきちんと拭《ふ》いて、落とすべきだと思います。

部屋のなかでゴミを散らかしていたら、やはり、片付けなければきれいにはなりません。「それは清掃局《せいそうきょく》の仕事だ」と言う人もいるかもしれませんが、清掃局の人も家のなかまで入って片付けてはくれないので、自分が出したゴミなら、自分できちんと片付けて捨てることです。

ゴミはきちんと片付けて捨てる。あるいは、窓や鏡が曇っていたら、それをきちんと拭いて、姿がきれいに映るように、あるいは外が見えるようにする。

そういうことをすることによって、「正しい人生を生きている」と言えると思うのです。

こうしたことを参考にして、正しい信仰の下《もと》に、自分を実物大できちんと見て、もし間違《まちが》ったことを言ったり行動したりしたら、それを改めることにやぶさかではなく、急いで改めて、真理についていくという、「謙虚《けんきょ》な心」が大事だと思います。

## 真っ白な心、透明《とうめい》な心で生きていく努力を

本書では、「心眼《しんがん》を開く」ということについて、第1章では、政治や経済、哲《てつ》学《がく》、あるいは、私の若いころの話も含《ふく》めて述べました。第2章では、どちらかといえば、宗教的、霊的な話を中心にして、「心の眼《め》で見る」とはどういうことかということについて、もう一歩深いところまで迫《せま》ってみました。また、霊界の諸相についても話をしてみました。地獄《じごく》のことはあまり述べませんでしたが、これについては、別途《べっと》、たくさん説いてはいます。

自分でやれる仕事として、いたずらに〝自慢〟の天狗になるのではなく、自分の失敗しているところ、ミスしているところをきちんと見つけ、それを修正する

ことが、心の窓を拭き、心の鏡を磨《みが》く行為《こうい》に当たるということを知ってください。他の人に迷惑《めいわく》をかけた部分については、やはり、きちんとお詫《わ》びし、反省する気持ちが大事だと思います。

幸福の科学の教えは人を幸福にしていく教えなので、自分もその余徳《よとく》として幸福になっても結構ですが、自分のために他人《ひと》を不幸にするような現象が身の回りにたくさん起きているようであれば、それは生き方に間違いがあるので、まず、そこを直してほしいという気持ちを、私は持っています。

以上、単純な、簡単な話を中心に述べましたけれども、これに照らせば、もし、曲がった生き方をしていれば、おそらく、どこかで感じるところはあるでしょう。

「霊現象が起きる」、あるいは「知識を持っている」「他人にできない特殊《とくしゅ》な技能や才能などを何か持っている」というようなことでうぬぼれるのではなく、どうか、真っ白い心、透明《とうめい》な心で生きていく努力をしてほしいと思います。

# あとがき

若き日に諸学問の統合を夢見た青年の、四十数年後の人生の途中報告書である。幸福の科学の本は、宗教学者にとっても分析するのは、かなり難しい。その理由が本書では明らかにされている。

一方、宗教には縁遠いと思われているビジネスマンなどが、なぜか幸福の科学の本は手にとって読んでしまう理由も示されている。

他方、当会の数多くの本が外国語でも翻訳されているが、信仰心の強い外国人の場合、平均的な日本人よりもはるかに容易に私の思想が理解できる場合もある。

外国人のほうが、「救世主とは何か」を理解しているからである。

心眼を開けば、世界は違って見える。本書がその一助となれば幸いである。

二〇二〇年　十月十三日

幸福《こうふく》の科学《かがく》グループ創始者兼総裁《そうししゃけんそうさい》　大川隆法《おおかわりゅうほう》

『心眼を開く』関連書籍

『太陽の法』（大川隆法 著　幸福の科学出版刊）
『教育の法』（同右）
『真説・八正道』（同右）
『大川隆法 思想の源流』（同右）
『真のエクソシスト』（同右）
『悪魔の嫌うこと』（同右）
『悪魔からの防衛術』（同右）
『現代の貧困をどう解決すべきか　トマ・ピケティの守護霊を直撃する』（同右）
『トランポノミクス』（スティーブン・ムーア、アーサー・B・ラッファー 共著
／藤井幹久 訳　同右）
『トランプ経済革命』（同右）

心眼《しんがん》を開《ひら》く――心清らかに、真実を見極める――

2020年10月22日　初版第1刷

著　者　　大《おお》　川《かわ》　隆《りゅう》　法《ほう》

発行所　　幸福の科学出版株式会社

〒107-0052 東京都港区赤坂2丁目10番8号
TEL(03)5573-7700
https://www.irhpress.co.jp/

印刷・製本　株式会社 堀内印刷所

落丁・乱丁本はおとりかえいたします

ISBN978-4-8233-0224-4 C0030

## 大川隆法ベストセラーズ・心の修行の指針

### 心に目覚める

**AI時代を生き抜く「悟性」の磨き方**

AIや機械には取って代わることのできない「心」こそ、人間の最後の砦――。感情、知性、理性、意志、悟性など、普遍的な「心の総論」を説く。

1,500円

---

### 真説・八正道

**自己変革のすすめ**

「現代的悟りの方法論」の集大成とも言える原著に、仏教的な要点解説を加筆して新装復刻。混迷の時代において、新しい自分に出会い、未来を拓く一冊。

1,700円

---

### 信仰と情熱

**プロ伝道者の条件**

多くの人を救う光となるために――。普遍性と永遠性のある「情熱の書」、仏道修行者として生きていく上で「不可欠のガイドブック」が、ここに待望の復刻。

1,700円

---

### 悪魔の嫌うこと

悪魔は現実に存在し、心の隙を狙ってくる! 悪魔の嫌う3カ条、怨霊の実態、悪魔の正体の見破り方など、目に見えない脅威から身を護るための「悟りの書」。

1,600円

---

※表示価格は本体価格(税別)です。

## 大川隆法ベストセラーズ・大川隆法の実像に迫る

# 私の人生論

**「平凡からの出発」の精神**

「努力に勝る天才なしの精神」「信用の獲得法」など、著者の実践に裏打ちされた珠玉の「人生哲学」が明かされる。人生を長く輝かせ続ける秘密がここに。

1,600円

# 大川隆法 思想の源流

**ハンナ・アレントと「自由の創設」**

ハンナ・アレントが提唱した「自由の創設」とは？「大川隆法の政治哲学の源流」が、ここに明かされる。著者が東京大学在学時に執筆した論文を特別収録。

1,800円

# 宗教者の条件

**「真実」と「誠」を求めつづける生き方**

宗教者にとっての成功とは何か――。「心の清らかさ」や「学徳」、「慢心から身を護る術」など、形骸化した宗教界に生命を与える、宗教者必見の一冊。

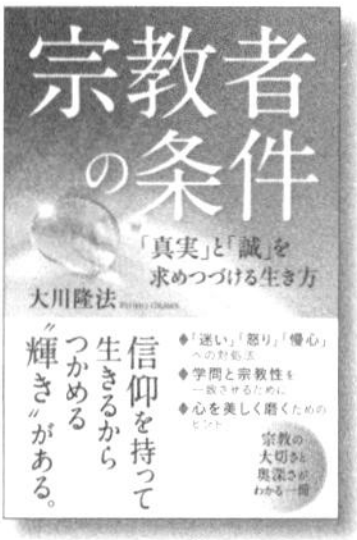


1,600円

# 娘から見た大川隆法

**大川咲也加 著**

幼いころの思い出、家族思いの父としての顔、大病からの復活、そして不惜身命の姿――。実の娘が28年間のエピソードと共に綴る、大川総裁の素顔。

1,400円

---

幸福の科学出版

## 大川隆法ベストセラーズ・混迷の時代を生き抜くために

### 人の温もりの経済学

**アフターコロナのあるべき姿**

世界の「自由」を護り、「経済」を再稼働させるために──。コロナ禍で蔓延する全体主義の危険性に警鐘を鳴らし、「知恵のある自助論」の必要性を説く。

1,500円

### コロナ不況下のサバイバル術

恐怖ばかりを煽るメディア報道の危険性や問題点、今後の経済の見通し、心身両面から免疫力を高める方法など、コロナ危機を生き延びる武器となる一冊。

1,500円

### ウィズ・セイビア 救世主とともに

**宇宙存在ヤイドロンのメッセージ**

正義と裁きを司る宇宙存在が示す、地球の役割や人類の進むべき未来とは? 崩壊と混沌の時代のなかで、宇宙人の側から大川隆法総裁の使命を明かした書。

1,400円

### 地球を見守る宇宙存在の眼

**R・A・ゴールのメッセージ**

メシア資格を持ち、地球の未来計画にも密接にかかわっている宇宙存在が、コロナ危機や米大統領選の行方、米中対立など、今後の世界情勢の見通しを語る。

1,400円

※表示価格は本体価格(税別)です。

## 大川隆法ベストセラーズ・霊的パワーの秘密に迫る

# 神秘の法

### 次元の壁を超えて

この世とあの世を貫く秘密を解き明かし、あなたに限界突破の力を与える書。この真実を知ったとき、底知れぬパワーが湧いてくる！

1,800円

---

# 観自在力

### 大宇宙の時空間を超えて

釈尊を超える人類史上最高の「悟り」と「霊能力」を解き明かした比類なき書を新装復刻。宗教と科学の壁を超越し、宇宙時代を拓く鍵が、ここにある。

1,700円

---

# 漏尽通力

### 現代的霊能力の極致

高度な霊能力の諸相について語った貴重な書を、秘蔵の講義を新規収録した上で新装復刻！ 神秘性と合理性を融合した「人間完成への道」が示される。

1,700円

---

# 真実の霊能者

### マスターの条件を考える

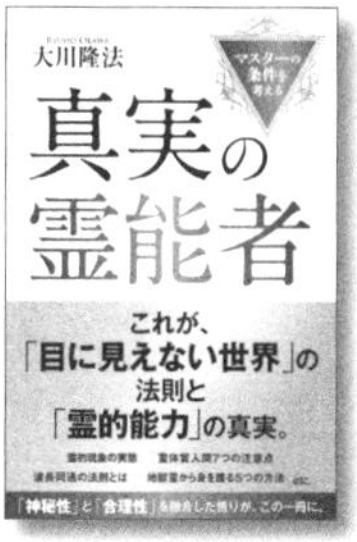


霊能力や宗教現象の「真贋《しんがん》」を見分ける基準はある──。唯物論や不可知論ではなく、「目に見えない世界の法則」を知ることで、真実の人生が始まる。

1,600円

---

幸福の科学出版

## 大川隆法ベストセラーズ・霊的世界の秘密

# 魔法および魔法界について

### 時代を進化させる魔法の力

現代にも、魔法使いは姿を変えて存在している。科学、医学、政治、経営、そして芸能——。あらゆる分野に影響し、未来を創る魔法の秘密を解き明かす。

1,500円

# 「呪い返し」の戦い方

### あなたの身を護る予防法と対処法

あなたの人生にも「呪い」は影響している——。リアルな実例を交えつつ、その発生原因から具体的な対策まで解き明かす。運勢を好転させる智慧がここに。

1,500円

# 魔法と呪術の可能性とは何か

### 魔術師マーリン、ヤイドロン、役小角の霊言

英国史上最大の魔術師と、日本修験道の祖が解き明かす「スーパーナチュラルな力」とは？ 宗教発生の原点、源流を明らかにし、唯物論の邪見を正す一書。

1,400円

# 源《みなもとの》頼光《らいこう》の霊言

### 鬼退治・天狗妖怪対策を語る

鬼・天狗・妖怪・妖魔は、姿形を変えて現代にも存在する——。大江山の鬼退治伝説のヒーローが、1000年のときを超えて、邪悪な存在から身を護る極意を伝授。

1,400円

※表示価格は本体価格（税別）です。

マドリード国際映画祭
長編外国語映画部門
最優秀作品賞
レインダンス映画祭
特別上映作品
サンディエゴ国際映画祭
公式選出作品
夜明けを信じて。
すべてを捨て、ただ一人往く。
10.16
Roadshow
製作総指揮・原作　大川隆法

# 幸福の科学グループのご案内

**宗教、教育、政治、出版などの活動を通じて、地球的ユートピアの実現を目指しています。**

## 幸福の科学

一九八六年に立宗。信仰の対象は、地球系霊団の最高大霊、主エル・カンターレ。世界百二十カ国以上の国々に信者を持ち、全人類救済という尊い使命のもと、信者は、「愛」と「悟り」と「ユートピア建設」の教えの実践、伝道に励んでいます。

（二〇二〇年十月現在）

### 愛

幸福の科学の「愛」とは、与える愛です。これは、仏教の慈悲《じひ》や布施《ふせ》の精神と同じことです。信者は、仏法真理をお伝えすることを通して、多くの方に幸福な人生を送っていただくための活動に励んでいます。

### 悟り

「悟り」とは、自らが仏の子であることを知るということです。教学《きょうがく》や精神統一によって心を磨き、智慧《ちえ》を得て悩みを解決すると共に、天使・菩薩《ぼさつ》の境地を目指し、より多くの人を救える力を身につけていきます。

### ユートピア建設

私たち人間は、地上に理想世界を建設するという尊い使命を持って生まれてきています。社会の悪を押しとどめ、善を推し進めるために、信者はさまざまな活動に積極的に参加しています。

国内外の世界で貧困や災害、心の病で苦しんでいる人々に対しては、現地メンバーや支援団体と連携して、物心両面にわたり、あらゆる手段で手を差し伸べています。

年間約２万人の自殺者を減らすため、全国各地で街頭キャンペーンを展開しています。

公式サイト **www.withyou-hs.net**

**自殺防止相談窓口**

受付時間　火〜土:10〜18時（祝日を含む）

TEL **03-5573-7707**　メール **withyou-hs@happy-science.org**

ヘレン・ケラーを理想として活動する、ハンディキャップを持つ方とボランティアの会です。視聴覚障害者、肢体不自由な方々に仏法真理を学んでいただくための、さまざまなサポートをしています。

公式サイト **www.helen-hs.net**

## 入会のご案内

幸福の科学では、大川隆法総裁が説く仏法真理《ぶっぽうしんり》をもとに、「どうすれば幸福になれるのか、また、他の人を幸福にできるのか」を学び、実践しています。

入会

### 仏法真理を学んでみたい方へ

大川隆法総裁の教えを信じ、学ぼうとする方なら、どなたでも入会できます。入会された方には、『入会版「正心法語《しょうしんほうご》」』が授与されます。

ネット入会　入会ご希望の方はネットからも入会できます。
**happy-science.jp/joinus**

三帰《さんき》誓願《せいがん》

### 信仰をさらに深めたい方へ

仏弟子としてさらに信仰を深めたい方は、仏《ぶっ》・法《ぼう》・僧《そう》の三宝《さんぼう》への帰依を誓う「三帰誓願式」を受けることができます。三帰誓願者には、『仏説・正心法語』『祈願文《きがんもん》①』『祈願文②』『エル・カンターレへの祈り』が授与されます。

幸福の科学 サービスセンター
TEL 03-5793-1727
受付時間／火〜金:10〜20時 土・日祝:10〜18時（月曜を除く）

幸福の科学 公式サイト
happy-science.jp

# ハッピー・サイエンス・ユニバーシティ
Happy Science University

**ハッピー・サイエンス・ユニバーシティとは**

ハッピー・サイエンス・ユニバーシティ(HSU)は、大川隆法総裁が設立された「現代の松下村塾」であり、「日本発の本格私学」です。建学の精神として「幸福の探究と新文明の創造」を掲げ、チャレンジ精神にあふれ、新時代を切り拓く人材の輩出を目指します。

人間幸福学部　経営成功学部　未来産業学部

**HSU長生キャンパス** TEL **0475-32-7770**
〒299-4325　千葉県長生郡長生村一松丙 4427-1

未来創造学部

**HSU未来創造・東京キャンパス**
TEL **03-3699-7707**
〒136-0076　東京都江東区南砂2-6-5　公式サイト **happy-science.university**

# 学校法人 幸福の科学学園

学校法人 幸福の科学学園は、幸福の科学の教育理念のもとにつくられた教育機関です。人間にとって最も大切な宗教教育の導入を通じて精神性を高めながら、ユートピア建設に貢献する人材輩出を目指しています。

**幸福の科学学園**

**中学校・高等学校(那須本校)**
2010年4月開校・栃木県那須郡(男女共学・全寮制)
TEL **0287-75-7777** 公式サイト **happy-science.ac.jp**

**関西中学校・高等学校(関西校)**
2013年4月開校・滋賀県大津市(男女共学・寮及び通学)
TEL **077-573-7774** 公式サイト **kansai.happy-science.ac.jp**

## 仏法真理塾「サクセスNo.1」

全国に本校・拠点・支部校を展開する、幸福の科学による信仰教育の機関です。小学生・中学生・高校生を対象に、信仰教育・徳育にウエイトを置きつつ、将来、社会人として活躍するための学力養成にも力を注いでいます。

TEL 03-5750-0751（東京本校）

## エンゼルプランV

東京本校を中心に、全国に支部教室を展開しています。信仰に基づいて、幼児の心を豊かに育む情操教育を行っています。また、知育や創造活動を通して、子どもの個性を大切に伸ばし、天使に育てる幼児教室です。

TEL 03-5750-0757（東京本校）

## 不登校児支援スクール「ネバー・マインド」

TEL 03-5750-1741

心の面からのアプローチを重視して、不登校の子供たちを支援しています。

## ユー・アー・エンゼル!（あなたは天使!）運動

障害児の不安や悩みに取り組み、ご両親を励まし、勇気づける、障害児支援のボランティア運動を展開しています。

一般社団法人 ユー・アー・エンゼル

TEL 03-6426-7797

### NPO活動支援

学校からのいじめ追放を目指し、さまざまな社会提言をしています。また、各地でのシンポジウムや学校への啓発ポスター掲示等に取り組む一般財団法人「いじめから子供を守ろうネットワーク」を支援しています。

公式サイト mamoro.org　ブログ blog.mamoro.org

相談窓口 TEL.03-5544-8989

## 百歳まで生きる会

「百歳まで生きる会」は、生涯現役人生を掲げ、友達づくり、生きがいづくりをめざしている幸福の科学のシニア信者の集まりです。

## シニア・プラン21

生涯反省で人生を再生・新生し、希望に満ちた生涯現役人生を生きる仏法真理道場です。定期的に開催される研修には、年齢を問わず、多くの方が参加しています。

全世界212カ所（国内197カ所、海外15カ所）で開校中。

【東京校】 TEL 03-6384-0778　FAX 03-6384-0779

メール senior-plan@kofuku-no-kagaku.or.jp

# 幸福実現党

内憂外患《ないゆうがいかん》の国難に立ち向かうべく、2009年5月に幸福実現党を立党しました。創立者である大川隆法党総裁の精神的指導のもと、宗教だけでは解決できない問題に取り組み、幸福を具体化するための力になっています。

幸福実現党 釈量子サイト　**shaku-ryoko.net**
Twitter　**釈量子@shakuryoko**で検索

党の機関紙
「幸福実現党NEWS」

## 幸福実現党　党員募集中

あなたも幸福を実現する政治に参画しませんか。

○幸福実現党の理念と綱領、政策に賛同する18歳以上の方なら、どなたでも参加いただけます。
○党費：正党員（年額5千円［学生 年額2千円］）、特別党員（年額10万円以上）、家族党員（年額2千円）
○党員資格は党費を入金された日から1年間です。
○正党員、特別党員の皆様には機関紙「幸福実現党NEWS（党員版）」（不定期発行）が送付されます。

＊申込書は、下記、幸福実現党公式サイトでダウンロードできます。
住所：〒107-0052　東京都港区赤坂2-10-8 6階 幸福実現党本部
TEL **03-6441-0754**　FAX **03-6441-0764**
公式サイト **hr-party.jp**

# 幸福の科学出版

大川隆法総裁の仏法真理の書を中心に、ビジネス、自己啓発、小説など、さまざまなジャンルの書籍・雑誌を出版しています。他にも、映画事業、文学・学術発展のための振興事業、テレビ・ラジオ番組の提供など、幸福の科学文化を広げる事業を行っています。

アー・ユー・ハッピー?
**are-you-happy.com**

ザ・リバティ
**the-liberty.com**

幸福の科学出版
TEL **03-5573-7700**
公式サイト **irhpress.co.jp**

**ザ・ファクト**
マスコミが報道しない「事実」を世界に伝えるネット・オピニオン番組

ザ・ファクト 検索

## ニュースター・プロダクション

「新時代の美」を創造する芸能プロダクションです。多くの方々に良き感化を与えられるような魅力あふれるタレントを世に送り出すべく、日々、活動しています。 公式サイト **newstarpro.co.jp**

## ARI《アリ》 Production《プロダクション》

タレント一人ひとりの個性や魅力を引き出し、「新時代を創造するエンターテインメント」をコンセプトに、世の中に精神的価値のある作品を提供していく芸能プロダクションです。 公式サイト **aripro.co.jp**

# 大川隆法　講演会のご案内

大川隆法総裁の講演会が全国各地で開催されています。講演のなかでは、毎回、「世界教師」としての立場から、幸福な人生を生きるための心の教えをはじめ、世界各地で起きている宗教対立、紛争、国際政治や経済といった時事問題に対する指針など、日本と世界がさらなる繁栄の未来を実現するための道筋が示されています。

2019年12月17日 さいたまスーパーアリーナ「新しき繁栄の時代へ」

2019年10月6日 ザ ウェスティン ハーバーキャッスル トロント（カナダ）「The Reason We Are Here」

2019年7月5日 福岡国際センター「人生に自信を持て」

2019年3月3日 グランド ハイアット 台北（台湾）「愛は憎しみを超えて」

2019年7月13日 ホテル イースト21 東京「幸福への論点」

講演会には、どなたでもご参加いただけます。最新の講演会の開催情報はこちらへ。⟹ 大川隆法総裁公式サイト https://ryuho-okawa.org